Contrato internacional de transferência de tecnologia

P896c   Prado, Maurício Curvelo de Almeida
        Contrato internacional de transferência de tecno-
        logia: patente e know-how / Maurício Curvelo de
        Almeida Prado. — Porto Alegre: Livraria do Advo-
        gado, 1997.
        159 p.; 14 x 21 cm.

        ISBN 85-7348-23-8

        1. Transferência de tecnologia: Contrato. 2. Comér-
        cio internacional: Contrato. 3. Patente de invenção: Ces-
        são de direitos. 4. Contrato: Direito Internacional Públi-
        co. 5. Propriedade industrial. I. Título.

                            CDU   347.77.04:6

        Índices para catálogo sistemático
        Comércio internacional: Contrato
        Contrato: Direito Internacional Público
        Patente de invenção: Cessão de direitos
        Propriedade industrial
        Transferência de tecnologia: Contrato

(Bibliotecária responsável: Marta Roberto, CRB 10/652)

Maurício Curvelo de Almeida Prado

CONTRATO INTERNACIONAL DE TRANSFERÊNCIA DE TECNOLOGIA

PATENTE e KNOW-HOW

livraria
DO ADVOGADO
editora

Porto Alegre
1997

© Maurício Curvelo de Almeida Prado, 1997

Capa, projeto gráfico e diagramação de
Livraria do Advogado / Valmor Bortoloti

Revisão de
Rosane Marques Borba

Direitos desta edição reservados por
Livraria do Advogado Ltda.
Rua Riachuelo, 1338
90010-273 Porto Alegre RS
Fone/fax: (051) 225 3311
E-mail: liv_adv@portoweb.com.br
Internet: http://www.liv-advogado.com.br

Impresso no Brasil / Printed in Brazil

A meu pai, Armando, pela inspiração.
(in memoriam)

À minha mulher, Marcella.

Apresentação

Contrato internacional de transferência de tecnologia - Patente e Know-how, de Maurício Prado, é a transformação em livro de sua dissertação de mestrado, defendida brilhantemente na Faculdade de Direito da Universidade de São Paulo. Pela sua importância científica e prática, inaugura a *Série Direito e Comércio Internacional*, corajosamente auspiciada pela Livraria do Advogado Editora, essa jovem e talentosa casa editorial gaúcha, que, pela qualidade de suas publicações, é hoje uma referência nacional para os juristas, principalmente aqueles preocupados com os novos temas do Direito.

Esse livro de Maurício Prado é, sem dúvida, a melhor leitura nacional sobre transferência de tecnologia, juntando-se aos clássicos da literatura estrangeira, sem ser repetitivo ou compilador. Pelo contrário, sua obra soma-se aos livros estrangeiros existentes, completando-os e transformando-se em leitura obrigatória aos operadores jurídicos e econômicos de nosso tempo.

Partindo da fase preliminar de negociação do contrato de transferência de tecnologia, oportunidade em que examina os mecanismos de garantias que devem ser observados pelas partes (sua dinâmica e documentos principais), que na maior parte das vezes são desconhecidos dos contratantes, o autor aprofunda as principais cláusulas desse tipo de contrato. São esses os aspectos fundamentais que diferenciam o contrato de transferência de tecnologia dos demais tipos de contratos internacionais do comécio.

Simples, como são os melhores estudos; inovador, como devem ser as teses dos cursos de pós-graduação; profundo, como são os trabalhos dos jovens pesquisadores que buscam sempre repassar tudo que aprendem; prático, como querem sempre os advogados militantes. Assim é o livro de Maurício Prado - esse estudioso prático do Direito.

Se nós, leitores, pudéssemos escolher nossas leituras jurídicas, com certeza escolheríamos livros como esse, que nos ensinam, esclarecem e orientam através de uma linguagem simples e de um estilo claro, onde a complexidade do tema e a dificuldade das fontes são facilmente substituídas pela grande facilidade que o autor tem de simplificar o objeto de estudo, apresentando-o ao leitor, que o absorve imediatamente.

Maurício Prado não nos apresenta apenas um livro novo que versa sobre tema ainda inédito no Brasil. Ele inaugura um novo estilo de escrever, onde o sofisticado e o repetitivo são substituídos pela simplicidade e inovação. E oxalá ele possa continuar escrevendo trabalhos como esse, e que eu possa continuar tendo o privilégio de lê-los e apresentá-los, como estou fazendo agora.

Não poderia essa Série ser inaugurada de forma melhor.

MARISTELA BASSO
Professora-Doutora de Direito Internacional
da Faculdade de Direito da Universidade de
São Paulo - USP

Prefácio

O processo de globalização, tal como se apresenta neste final de século, tem como uma das características mais marcantes a valorização da tecnologia.

O conhecimento tecnológico, que no início não era contemplado pelo direito, pouco a pouco foi objeto de apropriação, e converteu-se numa forma nova de expressão do Direito de Propriedade.

Um dos conceitos mais fugidios é de tecnologia. Claude Dehan dizia que ela é *"a ciência da técnica, a reflexão sobre as técnicas que as descreve que faz a sua história, e de maneira mais operacional, conceitua e formaliza as atividades técnicas"*.[1]

Assim, como já disse, a tecnologia pode ser tácita - o saber não codificado na experiência dos trabalhadores e dos engenheiros.[2] Entretanto, no dizer de Jack Perrain, a tecnologia é um saber organizado e a técnica, desorganizado. Desse ângulo, pela organização do saber - ainda que não seja codificado, pode-se imaginar a sua transmissão.

O saber técnico pode-se construir e transmitir no trabalho, mesmo quando este tiver suas regras próprias. Aqueles que trabalham vão desenvolvendo um conhecimento que vai além das regras, e o transmitem aos seus companheiros oralmente.

Este comportamento leva a uma dificuldade na sua transmissão porque ele não é nem formalizado, nem codificado, e ela se faz voluntariamente.

---

[1] *La coopération technologie internationale, Le transfert de téchnologie*, obra coletiva organizada por Claude Durand. Introdução, pág.11

[2] J. Nisse *et all. Les systèmes nationaux de novation*, Revue Française de Économie, nº 1, vol. VII, abril 1992.

Alguns autores, como Emanuel,[3] entendem que a tecnologia é um conjunto de conhecimentos da técnica vistos como série de procedimentos. Realmente, a tecnologia está associada ao planejamento, a procedimentos de controle do processo de produção e regulamentação. Mas este conceito desmente o que atrás se havia referido, isto é, o de que a tecnologia não é codificada.

Por isso mesmo, ao se falar de transferência de tecnologia, ficamos face a uma problemática complexa, pois o conceito será fundamental para a elaboração do tratamento jurídico que se dará à operação.

Entretanto, ao distinguir a passagem do conhecimento de laboratório para o *savoir faire* industrial, pode-se entrever uma fórmula que permite dar resposta, ainda que parcial, às dúvidas antes referidas. O *know how* industrial é resultante de um processo que se faz por etapas.

Há a da descoberta da invenção, e depois, outra etapa que vai da invenção à inovação. É após a invenção ou na seqüência da inovação que se desenvolve a tecnologia objeto da transferência, da qual cuida o direito das obrigações. A matéria também é objeto da propriedade intelectual, mais precisamente industrial.

Segue-se a etapa da difusão, marcada pela sua extensão e pela rapidez de seus efeitos. É nesta etapa que têm lugar os negócios que resultam nas transferências de tecnologia, desenvolvidas paralelamente e na seqüência dos anteriores.

As dificuldades persistem, a despeito dessa divisão por etapas. Com efeito, alguns autores perguntaram se a tecnologia é transferível. Philipe de Lalande, numa obra coletiva,[4] acha perfeitamente cabível a indagação sobre se existe transferência de tecnologia, ou mesmo se há apropriação de tecnologia. Uma noção engloba outra ou a exclui?

Os franceses falam em *maîtrise de capacité technique*, isto é, domínio da capacidade técnica. Esta é a noção que

---

[3] *Technologie appropriée du tecnologia sus développée*, PUF Paris 1982.

[4] *Enterprise et Transfert de Technologie*, Econômica, 1987

vem sendo adotada pelos historiadores da tecnologia, quando analisam o aprendizado do seu conhecimento. Como se pode assumir para uso exclusivo de alguém - que detém esse conhecimento - o domínio da tecnologia, esta passa a ter um conteúdo econômico.

A despeito dessas dificuldades teóricas, seu conteúdo econômico e a possibilidade de alguém ter dele se apropriado (e, por isso, para o direito, não importa se a tecnologia em si é apropriável), fizeram com que fosse necessário regulamentar as formas pelas quais se faz o acesso à tecnologia (ou seja, ao valor econômico representado por ela).

De um lado, temos, então, a regulamentação da apropriação da tecnologia, isto é, a sua configuração como bem econômico protegido pelo Direito. Isso ocorre através das mais diferentes formas, que passam pelo regime das patentes, pelas marcas, pelo segredo industrial, pelas regras da concorrência e pelo conceito do enriquecimento sem causa.

Pelo seu conteúdo econômico, fundamental no processo produtivo, o Estado assumiu, no caso das transferências de tecnologia, um papel importante. Brasil, Argentina, México, China, os Países do Leste, foram exemplos de intervenção do Estado, direta ou indireta, iniciador ou mantenedor das transferências de tecnologia. Em certos casos, organismos governamentais se encarregaram de ser os negociadores. Os países citados almejavam o desenvolvimento econômico. Nos países desenvolvidos, a intervenção se fez por motivos político-estratégico e militares, e de formas diferentes.

Dessa forma, balizando as condições para o acesso à tecnologia, outros Estados inseriram-se no plano político e jurídico, estendendo a sua obra legislativa a esse campo.

No fundo, todas essas intervenções inserem-se numa política de planificação do desenvolvimento, destinada como foi, no caso brasileiro, por exemplo, a tentar forçar a eclosão da informática nacional ou, na Argentina, de consolidar a indústria petroleira.

No caso da China, ou no caso da Bulgária, ou na Polônia Socialista, tratava-se de inserir tudo isso nos planos econômicos, regulando por essa forma o processo de transferência de tecnologia. Noutros casos, como o da União Européia, dos Estados Unidos e do Japão, visando a maior competitividade no comércio internacional, ou atender a objetivos políticos e militares.

Porém, a intervenção estatal não se esgota na regulamentação nem na forma de proteção jurídica, nem na regulamentação do ato de transferência de tecnologia, mas se alonga, pelo caminho dos monopólios do Estado, como ocorre no Brasil com telecomunicações, energia e informática. O Estado assume o papel de empresário. Só, ou associado a outros, como ocorreu, por exemplo, no Brasil, com a fórmula do "tripé" aplicada na petroquímica. Criavam-se sociedades em que havia uma maioria do capital nacional, estatal e privada, e até um terço de capital dos detentores do saber tecnológico, vindos do exterior. A idéia era do Estado, usando o seu papel de árbitro e de agente de fomento, favorecer a absorção da tecnologia por setores da indústria nacional.

Com o advento da globalização e em especial neste último decênio do século 20 em que há o predomínio da ideologia liberal ou neoliberal, vamos passar ou estamos passando a um outro modelo, que é o da comercialização privada da tecnologia sem, ou com o mínimo de interferência dos Estados. Esta vai depender, essencialmente, dos contratos, que é onde as partes ajustam seus interesses, no limite das respectivas necessidades e possibilidades.

Assim, caracterizados os inventos e a tecnologia como bens econômicos, e por isso apropriáveis e desejáveis, e tendo em vista as oposições de interesses de fornecedores e receptores, desenvolveu-se uma vasta contratualística sob a interferência (no momento) cada vez menor do Estado, que procura regulamentar cada vez menos as formas pelas quais se faz a translação da tecnologia.

É neste panorama, novo, que Maurício de Almeida Prado resolveu fazer a sua brilhante dissertação de Mestrado, que foi origem deste livro e em que uma vez apontados os parâmetros da regulamentação ainda existentes, trata-se da estrutura e conteúdo dos contratos privados sobre transferência de tecnologia.

Esses contratos configuram um dado essencial a transferência. Ao mesmo tempo que há aspectos técnicos, há aspectos comerciais. Estes se fundem no mesmo molde jurídico, de um contrato formalmente inominado, mas que a prática, em especial a internacional, se encarregou de nomear "contratos de transferência de tecnologia".

Tais acordos se desenvolvem num panorama em que a conquista do mercado é o motor da estratégia contratual do fornecedor de tecnologia, e a aquisição desta é o dado fundamental para o receptor.

As empresas transnacionais estabeleceram uma estratégia que responde, de um lado, às suas necessidades comerciais: a escolha de localização onde o custo de mão-de-obra, das matérias-primas ou a proximidade do mercado, condicionam a adoção de tal ou qual tecnologia, para permitir uma melhor posição face à concorrência.

Assim, a implantação tecnológica é a chave que permite abrir o caminho para uma rede de comercialização própria.

De outro lado, atende a necessidades financeiras ou estratégicas - por exemplo, transferindo a tecnologia impede a possíveis competidores gerar tecnologias concorrentes, que, talvez, possam superar a eficiência da sua.

Para o receptor da tecnologia, a aposta é outra.

Trata-se de cobrir o *gap* tecnológico apontado nos anos 60, em profética conferência feita na Associação Comercial de São Paulo, por Santiago Dantas. Dizia ele que este abismo tecnológico tenderia a crescer, de maneira geométrica, de molde a que se o país não tentasse superá-lo, não viria a ser capaz, nunca mais, de conseguir preenchê-lo. Seria maior que o abismo já existente em matéria de desenvolvimento econômico. Por essa razão, dizia, o fundamental passa a ser o elemento tecnologia.

Por isso mesmo, tanto as indústrias que procuram adquirir a tecnologia, como os Estados em que elas se encontram, fazem o possível para que ela ocorra da maneira mais ampla e mais complexa (o que foi um dos motores do intervencionismo, já apontado).

Também temos que levar em conta o lado financeiro. Cada vez que uma tecnologia é cedida, o seu custo é abatido ou recuperado pelo seu detentor. Do lado do receptor, a aquisição da tecnologia é a economia do custo do desenvolvimento independente. Ela é imprescindível, pois que lhe permitirá ter acesso a mercados novos, novas maneiras de produção, que antes lhe eram desconhecidos. Sobe um degrau na escala da competição, com custos menores e que possivelmente lhe permitiriam alavancar novos desenvolvimentos tecnológicos ou invenções.

O contrato de transferência de tecnologia, objeto da obra que este prefácio introduz, é exatamente o modo pelo qual se consolidam, em um determinado momento e local, as forças que os vetores apontados representam.

Nesse momento singular de equilíbrio entre as vontades das partes, nos limites que os Estados estabelecem, nasce um modelo de contrato que passa a ser *sui generis* e que é examinado aqui, com brilho, por Maurício de Almeida Prado.

Examina os Contratos Internacionais de Transferência de Tecnologia, em especial aqueles designados como mistos, porque parte dos conhecimentos, como se lê na sua obra, está protegida pela legislação da propriedade industrial, sob a forma de patente, e parte é protegida por outras normas, possuindo a natureza jurídica do *know how*.

Os contratos internacionais apresentam, já, características que os fazem distintos daqueles de Direito Interno. No caso específico dos contratos de transferência de tecnologia, existem várias cláusulas e condições, e até mesmo a estrutura do contrato, que fazem com que sejam distintos dos demais, tipificando-os.

Neste interessante trabalho, foram abordadas a fase pré-contratual e o contrato. A abordagem da fase pré-contratual é importante porque nos permite analisar os objetivos das partes e é a partir delas que se vai desenhar o modelo do contrato, no qual se consubstanciará um acordo de vontades.

As características das negociações e os seus limites jurídicos têm importância diante de normas imperativas que regulam a atividade da transferência da tecnologia. As negociações começam, ao mesmo tempo, na análise do grau de sofisticação e avanço das tecnologias adquiridas ou oferecidas e do nível de informação, inclusive científico, que englobarão.

A tentativa de criação de um código internacional sobre a transferência de tecnologia permitiu fazer um mapa dos problemas existentes. Este mostrava que os geradores de tecnologia mantinham uma estratégia coerente, defensiva, de transferir apenas a tecnologia que já estava, no máximo, esgotando as suas possibilidades e cuja sucessora já havia nascido ou estava sendo gestada, para ser posta no mercado. Logo, tecnologia em vias de desaparecimento.

A transferência era apenas um meio de conseguir uma nova fatia do mercado, através dos produtores locais, que, entretanto, não poderiam concorrer fora do seu território. Quando fosse necessário para acompanhar os concorrentes, a fórmula era transferir a tecnologia a subsidiárias, porque estas vivem tanto na dependência tecnológica quanto na administrativa. Sempre, desde então até agora, a estratégia era do criador da tecnologia reservar-se às capacidades de inovação, de pesquisa, de desenvolvimento e, justamente por temer perder esse avanço, os contratos normalmente incluem cláusulas que impõem a cessão da tecnologia eventualmente descoberta ou desenvolvida pelo cessionário, sem custo para o cedente.

A confrontação dos interesses dos contratantes também inclui o dado financeiro. A apreciação da rentabilidade da cessão, a análise da solvabilidade do cessionário e a garantia contra a sua inadimplência, através de diferentes modos, são também objetos das negociações.

O melhor contrato será aquele que estabelecer o equilíbrio mais durável. Este concerne, a cada uma das partes, algo a ganhar. Entretanto, o seu ganho nem sempre é evidente. Por isso mesmo, o projeto de código de conduta visava a criar regras deontológicas que evitassem contratos desequilibrados ou abusos.

É a partir deste quadro complexo das negociações que Maurício de Almeida Prado vai examinar os contratos internacionais de tecnologia. O autor sistematizou, dividindo as cláusulas em centrais, complementares e usuais, classificando-as como categorias que conceitua.

As cláusulas centrais abrangem, de um lado, a problemática da transferência de tecnologia e, do outro, a da sua exploração.

As cláusulas complementares e usuais permitem que o contrato se entrose com a realidade. Todos os aspectos práticos são abordados através de ampla masse de modelos de cláusulas, que o autor analisa com eficiência e clareza, aliando assim à análise a síntese empírica.

Este livro, por isso, está destinado a ser, não só o auxiliar dos advogados e empreendedores que se dedicam às atividades de produção que envolvem a tecnologia, como, também, um clássico para o estudo deste tipo de contrato de que é pioneiro no Brasil.

Será utilizado, com certeza, como manual acadêmico e como obra de referência necessária na estante dos advogados que se dedicam à atividade empresarial e internacional. A ampla bibliografia, a mais atualizada, e que é fruto da vasta cultura humanística do autor, será preciosa para os que forem buscar novos caminhos.

Ao encerrar as minhas observações contidas neste prefácio, não posso deixar de registrar a grande satisfação e orgulho que tive em tê-lo tido como meu orientando no curso de Mestrado da Faculdade de Direito da Universidade de S. Paulo, e o fato de que, tendo vindo depois a trabalhar comigo, sua modéstia, suas qualidades morais, intelectuais e profissionais fizeram com que viesse a se tornar sócio de meu Escritório de Advocacia.

Não sei o que mais possa dizer que não esteja já contido neste último parágrafo.

Luiz Olavo Baptista

Sumário

INTRODUÇÃO 11

PARTE I - A FASE PRÉ-CONTRATUAL 15

CAPÍTULO 1 - Principais Objetivos e Riscos 17
Seção 1 - Do Transferente da Tecnologia 17
Seção 2 - Do Receptor da Tecnologia 26

CAPÍTULO 2 - Características das Negociações 35
Seção 1 - Dinâmica das Negociações 36
Seção 2 - Principais Documentos 49

CAPÍTULO 3 - Limites Jurídicos às Negociações 60
Seção 1 - Estabelecidos pela Ordem Interna 61
Seção 2 - Estabelecidos pela Ordem Internacional . 72

PARTE II - O CONTRATO 83

CAPÍTULO 1 - Cláusulas Centrais 85
Seção 1 - Relacionadas com a Transferência de
Tecnologia 85
Seção 2 - Relacionadas com a Exploração da
Tecnologia 105

CAPÍTULO 2 - Cláusulas Complementares e Usuais 115
Seção 1 - Cláusulas Complementares 115
Seção 2 - Cláusulas Usuais 134

CONCLUSÃO 145

BIBLIOGRAFIA 151

Introdução

Ao final do século, um olhar em perspectiva sobre as últimas décadas nos permite observar o relevante incremento do comércio internacional e o aprofundamento da integração econômica e das relações institucionais entre os países. Fatos recentes, caracterizadores desse quadro, são a formação da Organização Mundial do Comércio, com a sedimentação de regras do livre comércio internacional, e a consolidação dos mecanismos regionais de integração econômica, como a União Européia, o MERCOSUL, e o NAFTA.

Verificamos, também, o aumento do fluxo internacional de tecnologia, que foi conceituada pelas Nações Unidas como o conjunto de conhecimentos, experiências e competências técnicas necessárias para a fabricação de um ou mais produtos[1], e é considerada como um fator relevante para o desenvolvimento econômico dos países. Grande parte deste fluxo internacional de tecnologia é realizado através de contratos privados, que podem ser classificados em duas categorias[2]:

a) aqueles que têm por *conseqüência* a transferência de tecnologia como, por exemplo, os contratos de compra e venda de equipamentos, chave na mão (*turn key*), ou investimento; e,

---

[1] Cf. NAÇÕES UNIDAS, "Guidelines for the acquisition of foreign technology in developing countries", Nova York, Nações Unidas, ID/98, 1973, p. 1.

[2] Cf. Phillipe Kahn, "Typologie des contrats de transfert de la technologie", in *Transfert de technologie et développement*, Paris, Libraires Techniques, 1977, p. 447.

b) aqueles que têm por *objeto* a transferência de tecnologia. Como exemplo, citamos os contratos de transmissão de *know-how*, ou de cessão de patentes.

Enfocando os contratos contidos na segunda categoria, podemos encontrar, na prática internacional, contratos onde a tecnologia é total e exclusivamente protegida pela legislação de propriedade industrial (patentes)[3]; outros onde esta se apresenta na forma exclusiva de *know-how*[4]; ou ainda, contratos em que a tecnologia tem uma conformação semelhante a um "pacote": parte dos conhecimentos que a compõe estão protegidos por patentes e parte não, possuindo a natureza jurídica de *know-how*.

Centraremos nossa atenção especificamente sobre os contratos usualmente designados "mistos", envolvendo tanto patentes como *know-how*. O interesse no exame destes contratos se dá em razão de sua ampla utilização prática no âmbito das transferências internacionais de tecnologia e, por outro lado, pela raridade dos estudos encontrados sobre o assunto, sobretudo na esfera nacional. Reconhecendo as diferenças entre os regimes jurídicos aplicáveis às patentes e ao *know-how*, e as conseqüências deste fato no âmbito contratual, buscaremos responder às seguintes questões:

1 - Quais são os principais aspectos jurídicos das negociações ?

---

[3] Por propriedade industrial entendemos o "conjunto de institutos jurídicos que visam a garantir os direitos do autor sobre produções intelectuais, no domínio industrial e assegurar a lealdade da concorrência comercial e industrial". Cf. João da Gama CERQUEIRA. "Tratado da Propriedade Industrial", 2a edição, São Paulo, RT, 1982, p. 55, vol. 1.

[4] Para os efeitos deste estudo, adotamos o conceito formulado pelo professor Luiz Alfredo Paulin, segundo o qual o *know-how* consiste no "conhecimento técnico não protegido por patente ou qualquer outro direito de propriedade industrial, de acesso extremamente restrito, passível de ser transmitido, e que, quando aplicado a processo produtivo industrial, implica vantagem para seu titular.". Cf. Luiz Alfredo R. da S. PAULIN, "Contribuição aos estudos do contrato internacional de *know-how*", São Paulo, tese de doutoramento, Faculdade de Direito da Universidade de São Paulo, 1994, p. 27.

2 - Quais são as principais cláusulas contratuais, seu conteúdo e alcance jurídico?

Para responder a tais indagações, procederemos, na primeira parte deste estudo, à investigação dos objetivos e riscos de cada parte na consecução deste contrato, estabelecendo os padrões de condutas adotados pelas partes durante as tratativas. Após, cuidaremos da dinâmica da negociação e dos principais documentos elaborados em seu curso. Não serão objeto de nosso enfoque as características e documentos elaborados no curso das negociações dos contratos em geral, restringindo-nos aqueles específicos do contrato sob estudos.

Por fim, investigaremos os limites impostos à autonomia da vontade das partes pelos Estados, em seu âmbito interno, e pela ordem internacional. Como fontes da monografia, nesta primeira etapa, utilizamos principalmente a doutrina, os tratados e convenções internacionais, e as leis e julgados nacionais.

Na segunda parte, buscaremos sistematizar as principais cláusulas desse contrato, usualmente empregadas na prática internacional. Para tanto, procederemos à uma nova classificação das referidas cláusulas, permitindo o melhor estudo sobre seu conteúdo e extensão. Assim, partindo da questão central do contrato, qual seja, a transferência de tecnologia, estabeleceremos três categorias: aquela que contém as cláusulas "centrais", relacionadas com a transferência e exploração da tecnologia; a categoria que abrange as cláusulas "complementares", típicas desse contrato, porém não diretamente relacionadas com a tecnologia; e, por fim, aquela categoria que engloba as cláusulas "usuais" dos contratos internacionais. Não serão objeto de nosso estudo as cláusulas usuais, que não apresentam conformação singular nesse contrato.

As principais fontes para identificação e estudo das cláusulas que serão abordadas são: a doutrina, os guias elaborados pelos organismos das Nações Unidas, e minutas obtidas junto a escritórios de advocacia especializados.

Esta obra é destinada aos estudantes de direito e administração que desejarem introduzir-se no universo do comércio internacional e das transferências de tecnologias. Aos práticos do direito e operadores do comércio internacional, também, este livro pode consistir em instrumento de apoio e consulta quando da negociação e redação desses contratos.

Por fim, não seria possível a realização deste projeto sem o apoio, crítica e amizade das seguintes pessoas, a quem demonstro meu profundo agradecimento: Luiz Olavo Baptista, Luiz Alfredo Paulin, Maristella Basso, Marcella , Regina e Vilmar Faria.

Parte I

A fase pré-contratual

A formação de determinados contratos bilaterais, fonte de direitos e obrigações para ambas as partes[5], pressupõe um processo de negociação que se caracteriza pela troca de informações entre elas, visando a fixar as bases do possível negócio jurídico a ser concluído[6]. Assim sendo, a formação da vontade das partes para a efetivação do negócio ocorre mediante um processo sedimentar, isto é, de maneira progressiva[7]. A duração e a dinâmica da negociação são influenciadas pelo grau de complexidade do objeto contratual[8], das obrigações a serem estabelecidas e das características específicas do negócio[9], como, por exemplo, a localização das partes em países distintos ou o grau de experiência que elas manifestam em negócios dessa natureza.

Aos contratos internacionais de transferência de tecnologia antecede, inevitavelmente, intensa fase de negociações, que se justifica por se tratar de contratos

---

[5] Cf. J. M. ANTUNES VARELA, "Direito das obrigações", Rio de Janeiro, Forense, 1977, vol. 1, pp. 139-142.

[6] Cf. Joanna SCHMIDT, "Négotiation et conclusion de contrats", Paris, Dalloz, 1982, p. 2.

[7] Cf. Maristela BASSO, "Contratos internacionais do comércio: negociação; conclusão; e prática", Porto Alegre, Livraria do Advogado, 1994, p. 127.

[8] V. Luiz O. BAPTISTA, "Dos contratos internacionais: uma visão teórica e prática", São Paulo, Saraiva, 1994, pp. 83-84; e, também, seu artigo "Formação do contrato internacional", in *Revista de Direito Público*, São Paulo, RT, vol. 80, 1986, p. 153.

[9] Cf. Irineu STRENGER, "Contratos internacionais do comércio", 2a edição, São Paulo, RT, 1992, p. 95.

internacionais de longo prazo, que visam à transferência de um bem intangível, de difícil identificação quanto ao conteúdo e à extensão: a tecnologia. Emergem, em cada caso, inúmeras questões particulares cuja resolução, que não passa por modelos pré-definidos[10], deve preceder o estabelecimento do vínculo contratual definitivo.

O sucesso das negociações, por sua vez, que se consolida pela celebração do contrato definitivo, exige o consensual equacionamento dos interesses das partes, como ressalta Foglio[11]:

> "La negoziazione deve poter assicurare teoricamente e praticamente che il trasferimento sia in grado di rispondere alle esigenze e finalità comuni di tutti i partners senza nessuna supremazia di interessi ed objettivi particolari: lo sforzo è comune, quindi le finalità e il sucesso devono essere comuni."

Nesse sentido, impõe-se a análise, *ab initio*, dos objetivos implicados em cada parte desse negócio jurídico, bem como dos riscos a que, respectivamente, cada uma está sujeita. Esse, portanto, é o tema do primeiro capítulo, que institui a ótica sob a qual se devem analisar as fases de negociação e conclusão do contrato sob estudo.

---

[10] Cf. Barthélémy MERCADAL e Philippe JANIN, "Les contrats de coopération inter-entreprises", Paris, Editions Juridiques Lefebvre, 1974, p. 25. Ver, também, Paulo Borba CASELLA, "Negociação e formação de contratos internacionais - em direito francês e inglês", in *Revista da Faculdade de Direito da Universidade de São Paulo*, São Paulo, Universidade de São Paulo, v. 84/85, 1989/1990, pp. 138-139.

[11] Cf. Antonio FOGLIO, "Il commercio estero delle tecnologie, dei progeti industriali e dei know-how", Milão, FrancoAngeli/Azienda moderna, 1992, pp. 153-154.

Capítulo 1
PRINCIPAIS OBJETIVOS E RISCOS

Como se sabe, é a particularidade dos interesses das partes que as leva a situarem-se em pólos distintos. Tal bipolaridade sugere sejam primeiramente abordados os principais objetivos e riscos a que está submetido o titular de direitos sobre a tecnologia[12], na celebração do contrato, e, após, aqueles da parte interessada na obtenção dos direitos para explorar a tecnologia[13].

Seção 1
Do Transferente da Tecnologia

A transferência de tecnologia enseja ao seu detentor atingir diversos objetivos, que variam conforme as circunstâncias específicas. Contudo, na maior parte dos casos, destacam-se os seguintes[14]:

a) maximizar a remuneração da tecnologia mediante a otimização de sua exploração; e

b) usá-la como forma de ingresso em novos mercados[15].

---

[12] Ao qual, neste capítulo, designaremos simplesmente "detentor" ou "transferente" da tecnologia.

[13] Ao qual designaremos simplesmente "receptor" da tecnologia.

[14] Cf. NAÇÕES UNIDAS, "Guide sur la rédaction de contrats portant sur le transfert international de know-how (savoir-faire) dans l'industrie mécanique", Nova York, Nações Unidas, trade/222/rev.1, 1970, p. 4; e Jean SCHAPIRA, "Les mecanismes de transfert de technologie: une perspective generale", in *Transfert de technologie: enjeux economiques et structures juridiques*, Paris/Louvain-la-neuve, Economica/Cabay, 1983, p. 16.

[15] Entre outros objetivos possíveis, GOLDSHEIDER exemplifica: para cumprir determinação legal, no caso de licença obrigatória de patentes; para resolver a disputa sobre certa patente; ou como instrumento de transferência de receitas da controlada para a controladora. V. Robert GOLDSHEIDER, "Licensing Checklist", in *Practical guidelines for negotiation and drafting international licencing relationships*, East Sussex, Euro Conferences, 1992, p. 1.

Com o objetivo de explorar todas as possibilidades de rentabilização da tecnologia, o detentor pode conferir a terceiros o direito de utilizá-la, mediante pagamento de certa remuneração, fato que constitui a exploração indireta da referida tecnologia[16]. A preocupação com a máxima rentabilidade da tecnologia possui características específicas, que conferem à questão especial importância[17]. Conforme já dissemos, a exploração da tecnologia mais avançada proporciona a seu titular uma condição favorável frente aos competidores. *A contrario sensu*, a estagnação tecnológica possibilita que os concorrentes se antecipem ao patamar tecnológico alcançado pelo detentor, ou mesmo o superem, acarretando-lhe perdas de posição no mercado e redução da lucratividade. Em alguns setores, a ausência de renovação tecnológica dos produtos pode causar, a médio prazo, sérios riscos à continuidade da empresa, como exemplificam, a propósito do setor de informática, Roman e Puett Jr[18]:

"The eletronics and computer industries are examples where rapid change and technological progress are triggered by a constant stream of competitive new products. Firms that have not innovated and have not been at the forepoint of the technology in these fields have not survived."

---

[16] Tal como a de outros bens, a exploração de tecnologia pode ser realizada de forma direta ou indireta. Na primeira hipótese, o detentor da tecnologia a emprega diretamente na própria atividade, visando a atingir seu objeto social. Trata-se, exclusivamente, da aplicação da tecnologia nos processos industriais de seu detentor. A segunda modalidade, exploração indireta, caracteriza-se pela transferência da exploração direta a um terceiro, que, em contrapartida, paga uma certa remuneração ao detentor originário.

[17] Cf. NAÇÕES UNIDAS, "Transfer and development of technology in developing countries: a compendium of policy issues ", Nova York, Nações Unidas, UNCTAD/ITP/TEC 4, 1990, p. 48.

[18] Cf. Daniel D. ROMAN e Joseph F. PUETT JR, "International business and technological innovation ", Nova York, North-Holland, 1983, p. 269.

Tem-se, então, que a transferência da tecnologia com o objetivo de maximizar a rentabilidade[19] viabiliza que a empresa recupere os custos que acarretou seu desenvolvimento, assim como incrementa a geração de fundos para financiar investimentos com pesquisa de melhoramentos e novas tecnologias, o que preservará sua competitividade[20].

Neste contexto, discute-se, também, se o valor cobrado pela transferência de tecnologia deve propiciar certo lucro, seja em relação aos custos nos quais a empresa incorreu para seu desenvolvimento, seja em razão daqueles inerentes à operação de transferência[21]. Dificilmente, a nosso ver, a remuneração auferida em um único negócio de transferência de tecnologia proporcionará lucro ao transferente, ou mesmo cobrirá as despesas havidas na elaboração da tecnologia. Isso se dá porque os custos envolvidos no desenvolvimento de certas tecnologias são, em geral, não só muito elevados como de difícil dimensionamento. Os custos diretos como mão-de-obra dos técnicos, materiais de laboratório despendidos, testes e equipamentos, ainda que passíveis de identificação, representam apenas parte das despesas globais decorrentes da manutenção, por longo prazo, de uma estrutura de pesquisa. Há que se incluir, também, os custos das diversas e infrutíferas pesquisas que eventualmente precederam o sucesso no desenvolvimento de determinada tecnologia.

A composição, portanto, do "preço da tecnologia", compreendendo a totalidade dos custos e a margem de lucro, pode atingir valor muito superior ao benefício que o receptor terá mediante a exploração direta do bem em

---

[19] V. Placido SCAGLIONE e Stefano SANDRI, "Licensing: aspetti tecnico-giuridici, scelte di impresa, guida alla negoziazione e redazione degli accordi", Roma, IPSOA, 1990, p. 107.

[20] Cf. Robert GOLDSHEIDER, "Licensing Checklist", *cit.*, p. 1.

[21] Cf. NAÇÕES UNIDAS, "Transfer and development of technology in developing countries: a compendium of policy issues", *cit.*, p. 18.

CONTRATO INTERNACIONAL DE
TRANSFERÊNCIA DE TECNOLOGIA

questão, fato que poderá inviabilizar a realização do negócio.

Na prática, a fixação do valor de transferência da tecnologia utiliza múltiplos critérios[22] e pode, sim, considerar o valor estimado de um lucro potencial, que o transferente perceberia caso explorasse diretamente o mercado onde o receptor atua, mas não um lucro sobre os custos havidos pelo desenvolvimento da tecnologia[23]:

> "En somme, pour autant que la cession d'une technologie eût la signification d'une perte ou d'une diminution des avantages potentiels pour l'emetteur, elle devrait présenter un coût d'opportunité equivalent *à la valeur atualisée des profits additionnels que celui-ci pourrait obtenir en opérant directement le marché vise par le récepteur.*" (grifos nossos)

A maximização da lucratividade poderá, sim, ocorrer caso o detentor originário da tecnologia realize diversas operações de transferência de tecnologia com terceiros, desenvolvendo, por essa forma, uma atividade

---

[22] O autor português António SANTOS ressalta que, em geral, o preço é "fixado segundo critérios mais ou menos obscuros, mas que parecem ter muito a ver com o poder de negociação (*bargaining power*) respectivo do 'comprador' e do 'vendedor'.". Cf. António Marques dos SANTOS, "Transferência internacional de tecnologia: alguns problemas gerais", Lisboa, Centro de Estudos Fiscais, 1984, p. 141. Ao mais, quando a transferência envolve outros negócios acessórios como a venda de insumos e equipamentos, ou quando o negócio é praticado no âmbito da formação de uma *joint venture*, pode haver uma composição global de valores entre os diversos negócios desvinculando o valor cobrado no contrato específico de transferência de tecnologia dos critérios mencionados. Sobre o assunto, ver Tom ARNOLD e Tim HEADLEY, "Factors in pricing technology license", *in Les nouvelles - journal of the licensing executives society*, vol. XXII, n. 1, março, 1987, pp. 18-22; Alain BOUTAT, "Relations technologiques internationales - mécanismes et enjeux", Lyon, Presses Universitaires de Lyon, 1991, pp. 85-98; e Luiz O. BÁPTISTA e Pacal DURAND-BARTHEZ, "Les associations d'entreprises (*joint ventures*) dans les commerce international", 2a edição, Paris, Feduci, 1991, pp. 146-149.

[23] Cf. Alain BOUTAT, "Relations technologiques internationales - mécanismes et enjeux", *cit.*, p. 95.

acessória à que exerce como principal[24]. Também é usual o fornecimento, pelo transferente, de matérias-primas e equipamentos ao receptor, concomitantemente à transferência de tecnologia, o que proporciona o aumento de seus rendimentos com a exploração indireta da tecnologia[25].

Além de cumprir o objetivo acima proposto, a transferência da tecnologia pode constituir relevante instrumento estratégico para viabilizar o ingresso do transferente em outros mercados[26]. Muitas vezes o detentor da tecnologia não dispõe de capacidade financeira ou administrativa, ou não tem interesse em realizar investimento direto constituindo, por exemplo, uma filial/subsidiária, ou mesmo não quer realizar, por si, a comercialização dos próprios produtos em determinados mercados. A título exemplificativo, apresentamos algumas situações em que a transferência de tecnologia constitui elemento viabilizador do ingresso em outros mercados[27]:

a) quando os preços praticados na exportação são demasiadamente altos para o mercado importador, no qual devido ao menor custo de mão-de-obra e matéria-prima se poderia produzir a mercadoria a preços mais reduzidos e, por isso, mais competitivos;

b) quando os serviços de assistência técnica pós-venda são relevantes e necessários; neste caso, a fabricação local do produto enseja a formação da competência técnica indispensável à prestação desses serviços;

---

[24] Cf. Alexandre KREIS, "La transmission de know-how entre entreprises industrielles", Paris, Litec, 1987, p. 194.

[25] V. Alain BOUTAT, "Relations technologiques internationales - mécanismes et enjeux", *cit.*, p. 149.

[26] Como ressalta GAUDIN: "Cés operations de 'licensing out' ne sont que l'un des moyens du développement international de l'entreprise.". Cf. Jacques-Henri GAUDIN, "Stratégie et négotiation des transferts de techniques: accords de licence, d'assistence technique et de coopération industrielle", Paris, Moniteur, 1982, p. 124.

[27] *Id*, p. 126.

c) quando o mercado no qual se pretende ingressar consome produtos em vias de desaparecimento no mercado do detentor da tecnologia, tornando muito oneroso manter a estrutura necessária à fabricação de tais produtos;

d) quando da existência de mercados que, por sua peculiaridade cultural, dificultam ou impedem o ingresso de "estrangeiros" que pretendam se estabelecer comercialmente;

e) quando da existência de normas locais que impõem adaptações ou modificação profunda no produto original;

f) quando o Estado define regras restritivas ou desvantajosas ao investimento estrangeiro ou à importação de produtos.

A exploração da tecnologia mediante transferência a terceiros pode, portanto, ser a via de ingresso em outros mercados. Esta modalidade possui, também, certas vantagens em relação à presença direta no que concerne à redução dos investimentos e dos riscos, pois utiliza a estrutura fabril e comercial de outrem[28]. Nesse sentido, é ilustrativa a resposta elaborada por Goldsheider à indagação sobre o que o "licenciado" tem a oferecer ao "licenciador"[29]:

> "Money and a good financial reputation, plus any of the above (to trade), a production or sales organization in a field or territory not covered by the Licensor, a good reputation for technical success using licesend technology, good employees, a plant to make the product, knowledge of local conditions."

---

[28] V. Jacques-Henri GAUDIN, "Stratégie et négotiation des transferts de techniques: accords de licence, d'assistence technique et de coopération industrielle", *cit.*, p. 127.

[29] Cf. Robert GOLDSHEIDER, "Licensing Checklist", *cit.*, p. 4.

Trata-se, pois, da formação de um relacionamento *intuitu personae*[30], no qual certas características atribuíveis ao receptor (como a capacidade de exploração da tecnologia e do mercado consumidor) se mostram relevantes para que sejam alcançados os objetivos do transferente da tecnologia. A importância do caráter personalíssimo fica sobremaneira ressaltada quando se avaliam os riscos que são assumidos pelo original detentor da tecnologia e que decorrem de sua transferência. Sim, porque o ato que transfere tecnologia a terceiros implica o risco de perda do controle que o transferente possuía sobre ela[31], pela irreversibilidade fática da operação de transferência, como ressalvam as Nações Unidas[32]:

> *"ii) Effet irréversible du transfert* - Une fois le *know-how* transferé, le preneur ne sera plus en état de l'oublier ou de le restituer intégralement au fournisseur"

Ou seja, havendo o receptor incorporado a tecnologia ao próprio sistema produtivo e tendo seus técnicos adquirido os conhecimentos por ela compreendidos, torna-se extremamente difícil o retorno à situação fática que precedeu a transferência. A pura e simples devolução de manuais, de mapas ou de outros suportes físicos da tecnologia não constitui, obviamente, medida eficaz

---

[30] Como ressaltam as Nações Unidas: "*Contrat intuitu personae* - Etant donné que la confiance mutuelle entre les parties et la personnalité de ces dernières son des éléments essentiels de tout contrat de *know-how*, il est prévu parfois qu'elles peuvent dénoncer le contrat si les contractants venaient à changer de personnalité (fusion, concentration d'entreprises, etc.). Cf. NAÇÕES UNIDAS, "Guide sur la rédaction de contrats portant sur le transfert international de know-how (savoir-faire) dans l'industrie mécanique", *cit.*, p. 5.

[31] Cf. Daniel D. ROMAN e Joseph F. PUETT JR, "International business and technological innovation", *cit.*, p. 355.

[32] NAÇÕES UNIDAS, "Guide sur la rédaction de contrats portant sur le transfert international de know-how (savoir-faire) dans l'industrie mécanique", *cit.*, p. 5.

para impedir a continuidade da exploração, pelo receptor, do bem transferido[33].

Mesmo a proteção conferida pela patente se revela limitada, uma vez que, *in casu*, engloba apenas parte das informações tecnológicas, além de envolver limitações naturais com relação ao prazo de duração e ao território, como destaca Gaudin[34]:

> "Les droits de propriété industrielle, en particulier le brevet, permettent encore un certain contrôle des événements par le fournisseur de technique, sur certains territoires et pendant une certain période; mais les brevets ne peuvent pas être déposés partout et, comme il a été dit, ils sont loin de protéger l'ensemble des produits et des procédés. En verité, les lois de la concurrence ne jouent pas en faveur du transfert de techniques des entreprises indépendants."

Caberá, então, ao transferente manter, após o término do contrato, rígida vigilância sobre as atividades do receptor, a fim de averiguar se este não mais explora a tecnologia. Ficam evidentes a onerosidade e falibilidade dessa vigilância, sobretudo se exercida à distância, situação na qual o receptor pode mais facilmente adotar mecanismos capazes de elidir tal controle[35].

---

[33] A intangibilidade da tecnologia atua, aí, como um fator complicador. O raciocínio por oposição esclarece melhor esta afirmação. Assim, em se tratando de uma hipótese relativa a um equipamento (bem móvel tangível), temos que a sua devolução tem o condão de efetivamente recompor a situação fática anterior ao contrato.

[34] V. Jacques-Henri GAUDIN, "Stratégie et négotiation des transferts de techniques: accords de licence, d'assistance technique et de coopération industrielle", *cit.*, p. 131.

[35] Como, por exemplo, a formação de uma nova sociedade com ações ao portador, que explorará tal tecnologia. É usual, portanto, que o detentor busque o controle da tecnologia através de outras formas, como o controle sobre determinadas matérias-primas. Assim, ainda que capacitado tecnologicamente, o receptor não terá condições reais de explorar a tecnologia após o término contratual em razão da interrupção do fornecimento das referidas matérias-primas. Em determinadas situações, tais condutas do transferente podem ser vedadas pela legislação *antitrust*.

De fato, uma vez efetuada a transferência da tecnologia, deixa o controle sobre ela de ser exercido diretamente pelo transferente e passa a se realizar de forma indireta, seja através dos compromissos contratualmente assumidos pelo receptor, seja mediante as garantias legais existentes, que, como vimos, nem sempre se mostram eficientes para a proteção dos interesses do transferente.

Ademais, passa o receptor a assumir o papel de potencial concorrente do transferente em outros mercados[36], pois a maioria da legislações nacionais impede que a atuação do receptor fique restrita a um determinado território[37]. A situação é descrita por Gaudin[38]:

> "Les lois de la concurrence ou lois *antitrust* ne permettent plus de limiter géographiquement les ventes de l'acquéreur de *know-how*, ni de lui interdire de exporter, ni d'exploiter le *know-how* aprés l'expiration du contrat et de continuer à vendre les produits correspondants."

Vê-se, então, como inafastável o risco de o transferente se constituir em alvo da concorrência do receptor da tecnologia. No máximo, ele pode ser atenuado por disposições contratuais[39] e por certas garantias legais existentes em cada situação em particular.

Tendo em vista os riscos incidentes, conforme se explicou, fica clara a relevância do caráter personalíssi-

---

[36] Cf. Daniel D. ROMAN e Joseph F. PUETT JR, "International business and technological innovation", *cit.*, p. 355.

[37] Veja-se a antiga disposição da lei brasileira sobre o licenciamento de patentes (Lei n. 5.772/71, artigo 29, parágrafo 2) : "A concessão não poderá impor restrições à comercialização e à exportação do produto de que trata a licença, bem como à importação de insumos necessários à sua fabricação".

[38] V. Jacques-Henri GAUDIN, "Stratégie et négotiation des transferts de techniques: accords de licence, d'assistance technique et de coopération industrielle", *cit.*, p. 131.

[39] Cf. Alain BOUTAT, "Relations technologiques internationales - mécanismes et enjeux", *cit.*, p. 150.

mo da operação[40]. A sedimentação da confiança recíproca e, por conseguinte, o sucesso do empreendimento dependem da composição equânime dos interesses de ambas as partes.

Passamos, então, à análise dos objetivos e riscos do receptor da tecnologia.

Seção 2 - Do Receptor da Tecnologia

Como principais objetivos do receptor na consecução do contrato internacional de transferência de tecnologia figuram os seguintes:

a) obtenção de inovação tecnológica;

b) capacitação tecnológica.

No bojo do planejamento de modernização e crescimento das atividades da empresa, a inovação tecnológica se impõe como fator relevante para a consecução de determinados resultados estratégicos[41], como os que ressaltamos:

a) manutenção ou ocupação de novas fatias de mercado, assegurando vantagem diferencial da empresa frente a seus concorrentes[42];

---

[40] Cf. Herbert STUMPF, "El contrato de know how", Bogotá, Temis, 1984, p. 36.

[41] Ver Jean-Marie DELEUZE, "Le contrat de transfert de processus technologique: know-how", 2a edição, Paris, Masson, 1979, p. 23.

[42] Como ilustra GAUDIN: "Pour répondre à une demande du marché ou pour combattre un concurrent, une entreprise se trouve soudain dans l'obligation de compléter sa gamme de produits, ou bien de renouveler un produit ou un procédé. ... Une entreprise décide de diversifier ses activités et d'entrer dans une domaine qui est noveau pour elle, ou bien un investisseur privé ou un gouvernement (notamment dans un pays en voie de développement) décide de créer une entreprise nouvelle; ils sont donc conduits à reproduire ou à adapter un procédé technique ou un produit immédiatement exploitable, qui a été conçu et mis au point par d'autres." Jacques-Henri GAUDIN, "Stratégie et négotiation des transferts de techniques: accords de licence, d'assistance technique et de coopération industrielle", *cit.*, p. 107.

b) aperfeiçoamento dos produtos ou processos e redução dos custos de produção, propiciando a melhoria da lucratividade da empresa[43];

c) adequação dos produtos a novas exigências do mercado consumidor[44];

d) cumprimento de novos padrões impostos pela legislação vigente, sobretudo envolvendo a proteção ao meio ambiente e a qualidade do produto.

A inovação tecnológica, por sua vez, consiste no processo de aplicação efetiva de novas técnicas, que culminará na proposta, ao mercado, de novos produtos, processos ou serviços[45]. Em suma, constitui a conversão do puro conhecimento em um processo aplicado ou em um produto. Trata-se de uma etapa no ciclo de invenção, inovação e difusão da tecnologia que Roman e Puett Jr[46] descrevem nos seguintes termos:

"The innovation process is only one phase of a cycle. The complete cycle is invention, innovation, and diffusion. Invention is distinct from innovation and is the first stage in the cycle. Invention involves the demonstration of a new technical idea by designing, developing, and testing a working example of

---

[43] FOGLIO relata este objetivo com minudência: "Gli objettivi cui deve mirare l'importazione di tecnologia dovrebbero essere l'incremento della produtività, l'attuazione delle diverse economie di scala, il risparmio di energia, la riduzione della dipendenza dall'estero per fonti energetiche e materie prime, la produzione di prodotti richiesti dal mercato, il rispetto delle norme di sicurezza delle lavorazioni, il miglioramento delle condizioni di lavoro e la valorazione delle capacità professionali, l'applicabilità in altri settori merceologici; l'innovazione dei processi produttivi a medio e lungo termine dovrebbe permettere di ridurre i costi di produzione.". Ver Antonio FOGLIO, "Il commercio estero delle tecnologie, dei progeti industriali e dei know-how", cit., p. 241.

[44] Cf. Daniel D. ROMAN e Joseph F. PUETT JR, "International business and technological innovation", cit., p. 268.

[45] Cf. Placido SCAGLIONE e Stefano SANDRI, "Licensing: aspetti tecnico-giuridici, scelte di impresa, guida alla negoziazione e redazione degli accordi", cit., p. 30.

[46] Cf. Daniel D. ROMAN e Joseph F. PUETT JR, "International business and technological innovation", cit., p. 250.

either a process, a product, or a device. Invention is a separate and distinct area from innovation, but it must be remembered that invention is frequently the prelude of innovation. A much simpler distinction between invention and innovation revolves around the verbs 'to conceive' and 'to use'. Invention entails a conception of an idea, whereas innovation is use, wherein the idea or invention is translated into economy."

O processo de criação da inovação pode ser graficamente apresentado da seguinte forma[47]:

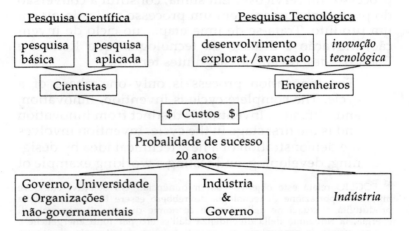

A concretização de inovações tecnológicas pode se dar como resultado do investimento direto na pesquisa e no desenvolvimento de tecnologia, conforme demonstra o gráfico acima[48], ou mediante o processo de transferência de tecnologia.

---

[47] Id, p. 252.

[48] Note-se que o gráfico ilustra as etapas de pesquisa, invenção e inovação (da direita para a esquerda), partindo dos órgãos de pesquisa básica (governo, universidade, etc) para a indústria. Segundo os autores, a duração completa das fases de pesquisa, invenção e inovação envolve, em média, o período de 20 anos.

A pesquisa e o desenvolvimento de tecnologia, no entanto, implicam a alocação de vultosos investimentos, além de demandarem largo prazo para a consecução de resultados[49]. Exigem, ademais, rigoroso planejamento e a conjugação de esforços entre empresa e Estado, como explica Boutat[50]:

"En effet, le financement de la R-D n'est pas une panacée. Il suppose non seulement une définition de buts précis et de stratégies récurrents dans le systéme socio-économique d'accueil, mais aussi la possibilité d'allouer le niveau nécessaire de resources pour atteindre ces buts. Une pareille alternative suggère évidentemment une volonté déterminée de la part des gouvernements et des implications politiques."

Desta sorte, o *alto grau de risco* de insucesso, incidente na pesquisa para o desenvolvimento de tecnologia[51], aliado aos *vultosos valores* envolvidos e à *necessidade de respostas rápidas*[52] para as questões pró-

---

[49] Cf. George Sipa-Adjah YANKEY, "International patents and technology transfer to less developed countries", Aldeshot, Avebury, 1987, pp. 19-20. Sobre o assunto v., também, Giogio PETRONI, "Tecnologia e impresa", Padova, CEDAM, 1984, pp. 41-47.

[50] Cf. Alain BOUTAT, "Relations technologiques internationales - mécanismes et enjeux", *cit.*, p. 108.

[51] Segundo os autores ROMAN e PUETT JR a taxa de insucesso na introdução de novos produtos no mercado, com base em novas tecnologias, oscila entre 60 % e 90 %. Cf. Daniel D. ROMAN e Joseph F. PUETT JR, "International business and technological innovation", *cit.*, p. 251. Sobre a experiência espanhola em investimentos de pesquisa tecnológica, ver Carlos Mingarro LÁSAOSA, "La empresa española y la adquisición de tecnologia extranjera", in *Seminario sobre adquisición de tecnologia extranjera*, Bilbao, Universidade de Bilbao, 1975, pp. 66-68.

[52] O Guia elaborado pelas Nações Unidas ressalta este ponto: "le preneur qui négocie un contrat de *know-how* cherche d'habitude à acquérir, plus rapidement que s'il procédait individuellement à des experiences préalables, des connaissances techniques dont il ne dispose pas." Cf. NAÇÕES UNIDAS, "Guide sur la rédaction de contrats portant sur le transfert international de know-how (savoir-faire) dans l'industrie mécanique", *cit.*, p. 4.

prias da dinâmica da atividade empresarial[53] fundamenta a decisão do receptor de perseguir a inovação tecnológica através do processo de transferência de tecnologia[54].

Em suma, a obtenção de tecnologia transferida por terceiros enseja ao receptor que, em situações de escassez de recursos e de infra-estrutura, alcance a inovação tecnológica e usufrua de suas vantagens, sem a assunção de riscos de investimento em pesquisa tecnológica.

O sucesso, na operação de transferência de tecnologia, contudo, depende da possibilidade que tenha o receptor de alcançar a capacitação para a completa e eficiente exploração da tecnologia transferida, como explica Boutat[55]:

> "Du point de vue de l'entreprise réceptrice, le but ultime de l'acquisition technologique doit être sa maîtrise ultérieure. Cette maîtrise, somme toute progressive, peut s'articuler autour de l'explotation économique du système technique importé, son adaptation au contexte (milieu, environnement), la capacité de le reproduire, et, enfin, son amélioration grâce à l'innovation."

[53] Questões estas, já mencionadas, relacionadas com a posição frente à concorrência, lucratividade, cumprimento de exigências legais ou necessidades do mercado consumidor.

[54] Ver. Barthélémy MERCADAL e Philippe JANIN, "Les contrats de coopération inter-entreprises", cit., p. 274; e Antonio FOGLIO, "Il commercio estero delle tecnologie, dei progeti industriali e dei know-how", cit., p. 238. Essa questão é também abordada por STUMPF, quando trata exclusivamente do know-how: "Del mismo modo que un invento solo puede irse desarrollando hasta alcanzar la condición de ser protegible a través de largos trabajos preparatorios, también son normalmente necesarios prolongados trabajos de desarrollo para la adquisición del know-how. Abundarán también errores. Para el desarrollo del conjunto, un empresario deberá hacer costosas inversiones. Si le parece excesivo el riesgo de una búsqueda infructuosa, intentará participar de los conocimientos adquiridos por otra empresa, comprando a esta el know-how necesario.". Cf. Herbert STUMPF, "El contrato de know how", cit., p. 15.

[55] Cf. Alain BOUTAT, "Relations technologiques internationales - mécanismes et enjeux", cit., p. 131. No mesmo sentido, v. Roberto Max HERMANN, "Transferência e absorção de tecnologia", in Tecnologia: importação e exportação, São Paulo, CTE, 1976, pp. 176-178.

De fato, apenas a absorção plena do conhecimento tecnológico transferido habilita o receptor à integral fruição das vantagens proporcionadas pela exploração direta da tecnologia[56]. Por conseguinte, sob a ótica do receptor, a obtenção da capacitação tecnológica se apresenta como um dos principais objetivos a alcançar[57].

A eficácia do processo de capacitação tecnológica, por sua vez, consiste em verdadeiro aprendizado por parte do receptor, além de depender da estrita cooperação de ambas as partes, para que superem possíveis obstáculos, decorrentes da diversidade cultural ou de condições intelectuais e técnicas que lhes sejam inerentes[58]. Estas circunstâncias relevam a importância da adequada escolha da outra parte (transferente) pelo receptor[59].

A capacitação tecnológica é fundamental, também, para que o receptor possa gozar de certa autonomia, em relação ao transferente, no tocante à gestão do processo

---

[56] Luiz Alfredo PAULIN ilustra bem a importância dessa questão: "Ora, o conhecimento só passa para a órbita do receptor quando este último o detém. Vale dizer: o receptor passa a ser titular de um dado conhecimento quando e somente quando tiver total domínio deste conhecimento. Só a partir daí, pode-se dizer que o conhecimento realmente está em poder do receptor. Isto posto, parece claro que o que se pretende com o contrato de *know-how*, não é nada menos, que capacitar alguém". Cf. Luiz Alfredo R. da S. PAULIN, "Contribuição aos estudos do contrato internacional de *know-how*", *cit.*, p. 193.

[57] Cf. Jean SCHAPIRA, "Les mecanismes de transfert de technologie: une perspective generale", *cit.*, pp. 16-17.

[58] Como esclarece BOUTAT: "L'efficacité dans la captation des savoir-faire dépend, à ce titre, de l'orientation intellectuelle, technique et culturelle des interlocuteurs.". Ver Alain BOUTAT, "Relations technologiques internationales - mécanismes et enjeux", *cit.*, p. 117. No mesmo sentido, v. NAÇÕES UNIDAS, "Transfer and development of technology in developing countries: a compendium of policy issues", *cit.*, p. 49.

[59] Cf. ressaltam as NAÇÕES UNIDAS : "*Choix du contractant - Confiance mutuelle* - En conséquence de ces incertitudes, il est recommandé aux parties de choisir leurs cocontractants avec discerniment. Le soin apporté à ce choix se justifie d'autant plus que le contrat de *know-how* requiert une confiance et une bonne foi mutuelles." NAÇÕES UNIDAS, "Guide sur la rédaction de contrats portant sur le transfert international de know-how (savoir-faire) dans l'industrie mécanique", *cit.*, p. 5.

operacional da referida tecnologia, bem como à realização de adaptações e melhoramentos[60]. Assim, a capacitação tecnológica possibilita que o receptor desenvolva competências técnicas específicas extremamente relevantes para a realização do esforço de desenvolvimento tecnológico, a partir de um patamar mais elevado[61] e de forma independente[62].

Estabelecidos os dois principais objetivos do receptor da tecnologia, passamos à analise dos principais riscos a que ele está sujeito neste tipo de acordo, iniciando pela possibilidade de a transferência de tecnologia instituir uma relação de dependência do receptor para com o transferente.

Na prática, são usuais as situações onde o transferente da tecnologia não tem maior interesse em que o receptor disponha de plenas condições para a gestão autônoma da tecnologia. Certa relação de dependência do receptor[63], decorrente de sua falta de competência técnica para explorar eficazmente a tecnologia sem a colaboração do transferente, propicia a este último ver reduzidos os riscos de perda do controle sobre a tecnologia e limitada a possibilidade de futura concorrência por

---

[60] Como salientam as NAÇÕES UNIDAS: "In a wider sense, the full absortion and assimilation of technologies and the development of indigenous capacities for adaption and innovations constitute the real test of effectivness of the transfer process". Cf. NAÇÕES UNIDAS, "Transfer and development of technology in developing countries: a compendium of policy issues", *cit.*, p. 49.

[61] Cf. Robert GOLDSHEIDER, "Licensing Checklist", *cit.*, p. 2.

[62] Evidentemente, conforme já mencionamos, a realização de investimentos em pesquisa tecnológica demanda a conjugação de diversos outros fatores, como a existência de infra-estrutura de pesquisa, apoio governamental, etc.

[63] Sobre o assunto, ver Jacques-Henri GAUDIN, "Stratégie et négotiation des transferts de techniques: accords de licence, d'assistence technique et de coopération industrielle", *cit.*, pp. 108-109; e Guido F. S. SOARES, "A cooperação técnica internacional", in *Cooperação internacional: estratégia e gestão*, São Paulo, Edusp, 1994, p. 182; e Luiz Alfredo R. S. PAULIN, "Contribuição aos estudos do contrato internacional de *know-how*", *cit.*, p. 315.

parte do receptor[64]. Proporciona, ainda, ao transferente a criação de permanente fonte de remuneração adicional, obtida pela manutenção dos "indispensáveis" serviços de assistência técnica ao receptor.

É possível ao receptor prever a atenuação desses riscos pela fixação de obrigações contratuais que imponham ao transferente a exigência de prestar informações que sejam capazes de assegurar que, após certo lapso temporal e de forma autônoma, o receptor logre resultados objetivos e específicos mediante a instrumentalização da tecnologia. A ocorrência desses resultados adquire especial importância, pois indicam que o receptor adquiriu a necessária capacitação tecnológica[65].

Outro risco relevante para o receptor consiste na apuração de prejuízos, notadamente de cunho financeiro pela operação de transferência de tecnologia. Conforme já abordamos, é extremamente complexa a questão que implica a fixação do valor da tecnologia, para efeitos do processo de transferência. Envolve uma série de critérios, nem sempre objetivos, como o citado *bargaining power*[66]. O critério dominante, pois, na maioria dos casos, assume caráter subjetivo e tenta prever a tradução, em pecúnia, dos prováveis benefícios a serem usufruídos pelo receptor, quando da exploração da tecnologia.

Por outro lado, são de difícil mensuração as vantagens passíveis de serem auferidas pelo receptor pela exploração da tecnologia. Já mencionamos que ela cons-

---

[64] Sobre o assunto, ver Daniel D. ROMAN e Joseph F. PUETT JR, "International business and technological innovation", *cit.*, p. 179.

[65] A redação e extensão dessas cláusulas serão tratadas na Parte II, capítulo 1, deste estudo.

[66] António SANTOS, ressaltando o elemento aleatório na fixação do valor da tecnologia, chega a comparar tal contrato com o de jogo e aposta. V. António Marques dos SANTOS, "Transferência internacional de tecnologia: alguns problemas gerais", *cit.*, pp. 283-284. Ver, também, Lauro Pacheco TOLEDO FERRAZ, "El concepto de la tecnología en sí como mercancía: notas críticas", in *Revista de Direito Mercantil*, São Paulo, RT, n. 32, 1978, p. 49.

titui importante fator na estratégia de modernização e de crescimento das empresas. Como, então, avaliar previamente o impacto mercadológico que será capaz de desencadear sua implementação ? E quais os reflexos sobre a concorrência ? E, também, de que forma valorizar o benefício proporcionado pela tecnologia, nos casos em que é adquirida para adequar o processo de fabricação de determinado produto às normas ambientais ou de qualificação?

Para corretamente avaliar, ainda, a vantagem da exploração de certa tecnologia, impõe-se que o receptor calcule os custos indiretos da operação, como o investimento em instalações fabris, em máquinas, em novos insumos e em mão-de-obra qualificada.

Ademais, não se pode olvidar o risco de que terceiros (concorrentes) venham a obter a mesma tecnologia por meios lícitos por pesquisa própria ou por transferência de terceiros, o que acarretará significativa redução de seu valor, pois deixará de propiciar o diferencial competitivo que lhe garantia seu ineditismo. Outra possibilidade é a ocorrência, também, de mudanças, seja no mercado consumidor, seja na legislação, que inviabilizem a exploração de determinado processo técnico. A conseqüência, no caso de qualquer uma das hipóteses aventadas, é que o receptor venha a arcar com relevantes prejuízos, pelos investimentos efetuados para a obtenção da tecnologia.

Em suma, tratando-se de uma estimativa, não dispõe o receptor de forma segura que o habilite a determinar previamente a viabilidade da relação custo/benefício na transferência de tecnologia[67], a qual geralmente implica que ele assuma certo risco de prejuízo na operação. Pode-se entender, então, ser imperiosa, na totalidade dos casos, a realização de minuciosos estudos sobre o

---

[67] Cf. Alain BOUTAT, "Relations technologiques internationales - mécanismes et enjeux", *cit.*, p. 85.

conteúdo da tecnologia, sobre seus *prováveis impactos* e sobre a perspectiva de sua utilidade ("vida útil").

Finalizada a análise dos principais objetivos e riscos das partes na operação de transferência internacional de tecnologia, entendemos ser útil apresentar um quadro sinóptico do capítulo:

PARTES	Transferente	Receptor

OBJETIVOS	Remuneração Ingresso em novos mercados	Inovação tecnológica Capacitação tecnológica

RISCOS	Perda do controle sobre a tecnologia Concorrência do receptor	Dependência do transferente Prejuízos

Capítulo 2
CARACTERÍSTICAS DAS NEGOCIAÇÕES

No curso das negociações, as partes adotam condutas que se diferenciam consoante seus respectivos objetivos, estabelecendo dinâmica própria, específica do negócio jurídico particular a ser celebrado[68]. Estudaremos, por isso, na seção 1, as peculiaridades das negociações que envolvem o contrato internacional de transferência de tecnologia objeto de nosso estudo.

Das negociações resulta, também, a formulação de documentos pré-contratuais que se destinam a preparar

---

[68] Cf. Luiz Olavo BAPTISTA, "Dos contratos internacionais: uma visão teórica e prática", *cit.*, p. 83.

CONTRATO INTERNACIONAL DE
TRANSFERÊNCIA DE TECNOLOGIA

a vontade das partes para a celebração do contrato definitivo[69]. Na seção 2, abordaremos o conteúdo e a forma dos documentos especificamente firmados no âmbito das negociações do contrato sob análise.

Seção 1
Dinâmica das Negociações

No intuito de sistematizar a dinâmica que rege as negociações desse contrato, analisaremos, primeiramente, a postura e a conduta de cada uma das partes, o transferente e o receptor potenciais. Após, examinaremos o principal conflito existente nas tratativas, sua caracterização e as formas de resolução.

Durante todo o processo negocial, o transferente da tecnologia tem sua conduta pautada pela preocupação com a preservação do controle da tecnologia e, por outro lado, pela necessidade de conhecer a capacidade técnica, administrativa e financeira do receptor, além do desejo de fomentar seu interesse pela consecução do negócio.

A preocupação com a preservação da tecnologia decorre do risco de que a entrega, na fase negocial, de conhecimentos sobre a tecnologia ao receptor resulte na antecipada e indesejada transferência da tecnologia, como descreve Deleuze[70]:

> "En ce qui concerne spécialement le transfert de know-how, ces négociations sont en outre d'habitude influencées par le probléme du secret; *elles sont*

---

[69] Sobre o início e desenvolvimento das negociações dos contratos em geral, ver Miguel Maria SERPA LOPES, "Curso de direito civil", 4a edição, Rio de Janeiro, Freitas Bastos, 1991, vol. 3, pp. 68-97. Especificamente sobre a formação dos contratos internacionais do comércio, ver Luiz Olavo BAPTISTA, "Dos contratos internacionais: uma visão teórica e prática", *cit.*, pp. 83-105; e Maristella BASSO, "Contratos internacionais do comércio: negociação; conclusão; e prática", *cit.*, pp. 125-231.

[70] Cf. Jean-Marie DELEUZE, "Le contrat de transfert de processus technologique: know-how", *cit.*, p. 31.

particulièrement délicates du fait que le détenteur du know-how désire donner au prenneur éventuel des renseignements suffisants pour l'intéresser à l'operation, tout en évitant de lui fournir les indications qui lui permettraient d'obtenir ce qu'il désire sans avoir à conclure de contrat." (grifos nossos)

Isso se dá porque, na hipótese em questão, apenas uma parcela da tecnologia está protegida pela legislação sobre a propriedade industrial (patente). A outra parte, o *know-how*, recebe na maioria dos ordenamentos jurídicos proteção exclusivamente "indireta", através da legislação que visa a proteger a livre concorrência (*antitrust*), o que é, portanto, precário[71].

No tocante às informações tecnológicas protegidas por uma ou mais patente, é diminuto o risco de que o transferente perca seu controle, pois esse não constitui caso que exija resguardar as referidas informações do receptor. Isso, porque a concessão da patente confere a seu titular o monopólio legal de sua exploração por prazo e território determinados. Em conseqüência, o direito conferido, *erga omnes*, autoriza seu titular a impedir que terceiros, sem sua anuência, explorem as informações compreendidas pela patente em determinado território[72]. Paralelamente, a legislação sobre propriedade industrial exige, como requisito para a concessão da patente, a completa abertura das informações a serem protegidas[73].

Em suma, os conhecimentos resguardados por patente, embora de conhecimento amplo, são de uso exclu-

---

[71] Cumpre notar que o acordo TRIPS introduziu uma nova regra visando a reforçar a proteção jurídica do *know-how*. Sobre o assunto, ver Capítulo 3, seção 2.

[72] Salvo quando o titular da patente não a explora por um certo período, impondo as legislações dos países, via de regra, a obrigatoriedade da licença a terceiro interessado (licença compulsória).

[73] Cf. Roger M. MILGRIM, "Milgrim on licensing", Nova York, Mathew Bender, 1994, cap. 9, p. 03.

sivo do titular da patente. Pode, portanto, o transferente, durante as negociações, dar conhecimento ao receptor dessas informações sem grande risco de que, no caso de fracassarem as tratativas, este venha a utilizá-las, já que esse uso implicaria, em grande parte das legislações[74], a prática de um ilícito. Remanesce, contudo, certo risco, caso o receptor alegue que, por ter ocorrido a conclusão do contrato definitivo, está, por isso mesmo, autorizado a explorar a patente[75]. A questão, nesse caso, ficaria restrita à existência de provas envolvendo a formação do consenso sobre os elementos essenciais do contrato[76] e sobre a manifestação da vontade das partes para sua conclusão[77]. A análise dos documentos produzidos durante a fase negocial é que forneceria elementos para se concluir a respeito da existência do vínculo contratual[78].

A situação confortável do transferente, relativamente à preservação do controle sobre as informações protegidas pela patente, não se mantém no caso daquelas que compõem o *know-how* compreendido na tecnologia que é objeto de negociação, uma vez que tais informações não se encontram, como vimos, totalmente resguardadas pelo direito.

Assim, o fato de, ainda na fase pré-contratual, vir a suceder a abertura das informações integrantes do

---

[74] Nesse sentido, a recém-terminada Rodada Uruguai do GATT, que criou a Organização Mundial do Comércio, incluiu também, em seus acordos, o fortalecimento dos mecanismos de proteção da propriedade industrial, como explica John KRAUS: "Les pays Membres feront en sorte que leur législation comporte des procédures destinées à faire respecter les droits de propriété intellectuelle de manière à permettre une action rapide et efficace, procédure qui éviteraient de plus les atteintes et constitueraient un moyen de dissuasion." Cf. John KRAUS, "Les négociations du GATT: comprendre les résultats de l'Uruguay Round", Paris, Chambre de Commerce Internationale, 1994, p. 59.

[75] Cf. Joanna SCHMIDT, "Négotiation et conclusion de contrats", *cit.*, p. 122.

[76] Sobre o assunto, v. Enzo ROPPO, "O contrato", Coimbra, Almedina, 1988, pp. 84-96.

[77] Evidentemente, o ônus da prova cabe ao receptor.

[78] Cf. Joanna SCHMIDT, "Négotiation et conclusion de contrats", *cit.*, p. 122.

know-how pode resultar na indesejada e antecipada transferência da referida tecnologia. Outra conseqüência desse evento precoce a transferência da tecnologia na fase das tratativas é a possibilidade da redução automática do valor de troca desse bem, seja em relação ao receptor, seja frente a terceiros, já que tal valor está intimamente associado com a limitada quantidade de pessoas que detêm tal conhecimento[79]. Com isso, viabiliza-se também a hipótese da interrupção das negociações, por não haver mais interesse do receptor na celebração do contrato definitivo, uma vez que as informações "abertas" podem ser suficientes para que ele consiga, de forma autônoma e com custos reduzidos, a desejada inovação tecnológica.

Em síntese, durante a fase negocial, o transferente, a despeito do seu interesse na celebração do contrato, é bastante reticente na comunicação de informações envolvendo a tecnologia[80]. Na hipótese de perda do controle sobre a informação, o detentor sofrerá relevantes prejuízos de natureza financeira, em razão da perda da remuneração almejada, da diminuição do valor da tecnologia, bem como de prejuízos de outras naturezas; entre eles, a desvantagem competitiva frente aos concorrentes[81].

---

[79] Como afirma PAULIN: "Assim, no que tange à negociação, se o alienante fornecer informações a respeito do bem, ele estará 'abrindo' o conhecimento envolvido pelo *know-how*. No momento em que o *know-how* for totalmente 'aberto', a pessoa que o pretendia adquirir já não mais pagará nada por ele." Ver Luis Alfredo R. da S. PAULIN, "Contribuição aos estudos do contrato internacional de *know-how*", *cit.*, p. 157.

[80] Roger MILGRIM sustenta que sob a ótica do transferente "the ideal situation is to disclose little or nothing prior to the prospective licensee's becoming bound.". Cf. Roger M. MILGRIM, "Milgrim on licensing", *cit.*, cap. 9, p. 17. Nesse sentido, o Guia das Nações Unidas ressalta o especial cuidado que os negociadores do transferente devem ter ao transmitir informações ao receptor, principalmente, quando a negociação envolve a presença de técnicos, conhecedores da matéria. Cf. NAÇÕES UNIDAS, "Guide sur la rédaction de contrats portant sur le transfert international de know-how (savoir-faire) dans l'industrie mécanique", *cit.*, p. 6.

[81] Cf. Antonio FOGLIO, "Il commercio estero delle tecnologie, dei progeti industriali e dei know-how", *cit.*, p. 151.

Esta, porém, não deve constituir a única preocupação do transferente. Convém que, na fase das negociações, obtenha uma gama de informações sobre o receptor, com o fito de analisar se este possui as características necessárias para o cumprimento de seus objetivos do transferente, com atenuação dos riscos descritos no capítulo anterior. De forma sintética, podem-se apontar como altamente relevantes as seguintes informações[82]:

- dados que digam respeito à idoneidade financeira do receptor, com vistas a averiguar sobre sua capacidade para pagar a remuneração, além de realizar os investimentos necessários à recepção e à eficiente instrumentalização da tecnologia;

- fatos relacionados com a competência industrial do receptor, objetivando identificar sua capacidade fabril para absorver a tecnologia e implementá-la eficientemente;

- informações referentes à área comercial, com o fito de avaliar a competência do receptor para a comercialização e distribuição dos produtos resultantes da exploração da tecnologia (fator que, via de regra, afeta o montante da remuneração) e, por outro lado, a fim de aferir o grau de concorrência ao qual ficará exposto (possibilidade de exportações do receptor para mercados em que atua o transferente); e,

- dados de ordem pessoal, no sentido de averiguar sobre a experiência do receptor em negócios similares, sobre as conseqüências da eventual associação entre as imagens das empresas (quando o negócio envolve marcas), bem como sobre o grau de confiabilidade do receptor (principalmente no tocante à preservação da confidencialidade envolvendo a tecnologia).

---

[82] Sobre o assunto, ver Placido SCAGLIONE e Stefano SANDRI, "Licensing: aspetti tecnico-giuridici, scelte di impresa, guida alla negoziazione e redazione degli accordi", *cit.*, pp. 113-114; e UNITED NATIONS INDUSTRIAL DEVELOPMENT ORGANIZATION (UNIDO), "Guide to guarantee and warranty provisions in transfer-of-technology transactions", Viena, UNIDO, ID/355, 1989, p. 26.

Analisada a conduta do transferente na etapa negocial, passamos a estudar o outro pólo da relação, qual seja, a conduta do receptor da tecnologia. Este, por sua vez, também deve efetuar profunda pesquisa sobre a pessoa do transferente, compreendendo diversos enfoques:

- capacidade técnica, tendo em vista o aspecto intrínseco da tecnologia (qualidade) e extrínseco (capacidade de operacionalização da tecnologia); o transferente deve dispor de suficiente competência para resolver de forma eficiente todos os problemas técnicos ligados à tecnologia[83];

- experiências anteriores em operações de transferência de tecnologia[84], visando a mensurar a habilidade do transferente para comunicar, com clareza e método, dados sobre a tecnologia desenvolvida[85];

- aspectos pessoais, como aspectos financeiros e operacionais, confiabilidade, conceito ou "imagem" no mercado, assim como compatibilidade cultural e organizacional com o receptor[86].

A realização de tal pesquisa é fundamental para o receptor, pois, como se constatou no capítulo anterior, a consecução de seus objetivos está estreitamente vinculada à conduta cooperativa do transferente.

No curso das negociações, centra-se o interesse do receptor na obtenção de informações sobre as características intrínsecas da tecnologia, com vistas a avaliar se esta se revela adequada para que ele atinja a inovação

---

[83] Cf. Antonio FOGLIO, "Il commercio estero delle tecnologie, dei progeti industriali e dei know-how", *cit.*, p. 239.

[84] Ver NAÇÕES UNIDAS, "Guidelines for the acquisition of foreign technology in developing countries", *cit.*, p. 44.

[85] Cf. Antonio FOGLIO, "Il commercio estero delle tecnologie, dei progeti industriali e dei know-how", *cit.*, p. 239.

[86] Ver Placido SCAGLIONE e Stefano SANDRI, "Licensing: aspetti tecnicogiuridici, scelte di impresa, guida alla negoziazione e redazione degli accordi", *cit.*, pp. 121-122.

tecnológica a que almeja. O conceito de tecnologia adequada pode ser inferido pela descrição de Foglio[87]:

"Il successo di un'importazione di tecnologia sta proprio nel fatto di poter accedere alle conoscenze e alle capacità di innovazine scientifica e tecnologica di un'azienda; *la tecnologia deve essere acquisibile ed accessiblile, deve potersi tradurre nelle effetive esigenze dell'impresa, nel rispetto delle sue caratteristiche, delle sue effetive esigenze e condizioni operative.* Con la importazione di tecnologia si deve raggiungere una finalità: il transferimento oltre *che essere una concreta risposta ai problemi ed alle esigenze del sistema produtivo di ogni azienda,* deve divenire una linea di comportamento volta alla formazione di una mentalità innovativa. Tramite il transferimento si deve poter puntare ed ulteriormente qualificare *l'apparato tecnologico predisponendolo per un giusto el ottimale utilizzo dei 'know-how', a coinvolgere i vari soggetti aziendali nel rispettivo settore produttivo, di ricerca, di comercializzazione,* ecc." (grifos nossos)

Assim, a tecnologia adequada é aquela capaz de atender a uma necessidade objetiva da empresa, observando suas características próprias, como competência técnica, capacidade de investimento e fontes de recursos (insumos e outros materiais), propiciando a otimização da eficiência do setor produtivo e a formação de ambiente favorável à implantação de inovações tecnológicas.

Faz-se relevante que o receptor tenha acesso às informações estratégicas do transferente sobre a exploração da tecnologia, com vistas a avaliar a sua "vida útil", as vantagens obtidas por sua implementação e o valor a ser pago (remuneração). Sinteticamente, podemse identificar dois grupos de informações estratégicas,

---

[87] Cf. Antonio FOGLIO, "Il commercio estero delle tecnologie, dei progeti industriali e dei know-how", *cit.*, pp. 237-238.

além das relativas ao conteúdo da tecnologia, aos quais o receptor buscará ter acesso durante as negociações:

- resultados operacionais decorrentes da exploração da tecnologia, como rentabilidade, reflexo no processo produtivo (eficiência, melhoria da qualidade do produto ou redução de custos) e impacto na marca;

- custos na transferência e implementação da tecnologia, envolvendo os referentes a matérias-primas, energia, equipamentos e técnicos.

Assim, em razão dos objetivos específicos de cada parte, verifica-se que ambas assumem condutas diametralmente opostas, instaurando-se um conflito na fase negocial, em torno do grau da troca das informações:

De um lado, o transferente resiste a realizar a abertura (*disclosure*) antecipada da tecnologia, porém precisa obter informações sobre o receptor e fomentar seu interesse na conclusão do contrato[88].

Por outro lado, o receptor necessita de informações precisas sobre o transferente, sobre o conteúdo da tecnologia e sobre questões estratégicas da exploração da tecnologia (resultados operacionais e custos de implementação e operacionalização). Evidentemente, também resiste a fornecer informações estratégicas sobre sua empresa (áreas industrial e comercial, mercado) sob o risco de eventual concorrência, caso o contrato não seja concluído[89].

A dificuldade que tal conflito insinua na prática das negociações é descrita por um diretor da Rhône-Poulenc S.A., que compara a situação a uma "parada nupcial", descrevendo a conduta do transferente como um *striptease*[90]:

---

[88] Este fator pode levar o transferente a "distorcer" as informações fornecidas, ressaltando as vantagens (qualidade, resultados) e ocultando as desvantagens da implementação e exploração da tecnologia (custos, problemas técnicos).

[89] Cf. Roger M. MILGRIM, "Milgrim on licensing", *cit.*, cap. 9, pp. 8-9.

[90] Cf. Louis GILBERT, "Les problèmes techniques et commerciaux posés par la communication de know-how", in *Garantie de résultat et transfert de techniques*, Montpellier, Libraires Techniques, 1979, p. 78.

"La négociation d'un contrat de *know-how* est comparable à une parade nuptiale. Pour le donneur de licence, toute la négociation va consister à attiser l'intérêt de son partenaire en lui dévoilant ce qui est nécessaire, mais sans se laisser aller à tout montrer car il n'aurait plus rien à vendre.
C'est que j'ai appelé le 'strip-tease'. Au-delà des premiers renseignements techniques et économiques élémentaires sur son procédé, les indications plus précises ne sont généralement fournies par le vendeur ...
De son côté, l'acquéreur donnera toujours l'impression au cours de la négociation qu'il veut en savoir trop. Indiscrétion ? Pas forcément. S'il acquiert le *know-how* pour pouvoir monter une installation importante, il va engager des investissements (terrains, bâtiments, travaux publics, équipements, personnel, éventuellements industries en amont ou en aval) souvent hors de proportion avec le coût du *know-how* et les indemnités qu'il recevra de son bailleur de licence au cas où les garanties promises sur le *know-how* ne seraient pas tenues. D'où son insistance à en savoir davantage avant de se décider."

O referido conflito desencadeia reflexos no âmbito jurídico, envolvendo especialmente a conduta de boa-fé e lealdade, exigida das partes, e o conseqüente dever de informar. Nesse sentido, ocorre que os diversos sistemas jurídicos tratam a questão implicando o dever das partes, de agirem com boa-fé na formação dos contratos, de forma diferenciada no tocante à sua extensão e aos deveres derivados[91]. O ordenamento jurídico nacional, por exemplo, não estatui a boa-fé como regra expressa na formação dos contratos, considerando-a como um

---

[91] Cf. Luiz Olavo BAPTISTA, "Dos contratos internacionais: uma visão teórica e prática", *cit.*, p. 85.

princípio jurídico[92]. Diferentemente, os ordenamentos jurídicos italiano, francês e português entendem a boa-fé nas tratativas como obrigação das partes, devidamente positivada[93].

Importa, antes de mais nada, ao nosso estudo o dever da parte derivado da boa-fé, de informar a outra sobre sobre vícios do objeto do contrato ou circunstâncias que o cercam[94]. Assim, colocam-se as seguintes questões: o transferente que resiste a fornecer informações sobre o conteúdo da tecnologia pode estar adotando conduta ilícita, violando o dever de informar. E o receptor incide na mesma infração quando resiste a revelar informações industriais e comerciais estratégicas, por temer a futura concorrência da outra parte, na hipótese de se romperem as negociações ?

A primeira análise a ser efetuada para dirimir tais questões consiste no estudo da legislação e jurisprudência aplicáveis à negociação específica, no intuito de identificar o tratamento jurídico conferido à boa-fé e ao dever de informar, no âmbito da formação dos contratos.

É certo que a doutrina reconhece o direito que assiste à parte de manter sigilo sobre certos conhecimentos, definindo que o limite do dever de informar é determinado pelo dever de sigilo do negociador[95]:

---

[92] Cf. Antonio JUNQUEIRA DE AZEVEDO, "A boa-fé na formação dos contratos", in *Revista do Tribunal de Justiça do Estado do Pará*, Belém, RTJEP, vol. 36, 1992, p. 6; e Humberto THEODORO JR, "O contrato e seus princípios", Rio de Janeiro, Aide, 1993, pp. 37-39.

[93] Código civil italiano (art. 1.337), francês (art. 1.134) e português (art. 227). Ver Maristella BASSO, "Contratos internacionais do comércio: negociação; conclusão; e prática", *cit.*, p. 156.

[94] Luiz O. BAPTISTA acrescenta ao dever de informar os seguintes: dever de veracidade, de sigilo quanto à informações trocadas ou descobertas em razão da negociação, e dever de custódia dos bens e documentos trocados. V. Luiz Olavo BAPTISTA, "Dos contratos internacionais: uma visão teórica e prática", *cit.*, pp. 102-103. Sobre a aplicação do dever de informar no direito brasileiro ver Antonio JUNQUEIRA DE AZEVEDO, "A boa-fé na formação dos contratos", *cit.*, p. 9.

[95] Cf. Maristella BASSO, "Contratos internacionais do comércio: negociação; conclusão; e prática", *cit.*, p. 146.

"Entretanto, este dever pode ensejar a revelação de fatos, dados e técnicas que constituam segredos do comércio ou indústria, que uma das partes não quer que sejam conhecidos. *Da mesma forma que um negociador tem o dever de informar, de não enganar, tem o dever de sigilo ou segredo (neminem ladere) não devendo revelar aquilo que lhe compete de não divulgar. Disso se conclui que o dever de sigilo ou segredo serve de limite ao dever de informar.*" (grifos nossos)

A complexidade da questão resulta, no caso concreto, da dificuldade em definir quais sejam os conhecimentos compreendidos no dever de sigilo. Todas as informações atinentes ao conteúdo da tecnologia? E os informes estratégicos, de natureza industrial e comercial, do receptor?

Na ausência de norma clara sobre o tema, por parte do ordenamento jurídico aplicável, e, ainda que esta exista, em razão da complexidade da matéria de fato, na prática as partes usualmente regulamentam expressamente a questão[96], suprimindo, desta forma, o risco de infringirem a regra da boa-fé. Essa regulamentação, por sua vez, não considera, apenas, a temática jurídica, mas compreende, também, a resolução do conflito comercial a que nos referimos, a fim de que se alcance o objetivo comum das partes, que consiste em concluir o contrato definitivo.

Assim, as particularidades do negócio e as peculiaridades das partes (experiências anteriores, diferenças culturais) exigem a adoção de mecanismos diferenciados para superar a questão jurídica e o conflito negocial estabelecido, viabilizando-se a consecução dos referidos contratos[97].

---

[96] *Id.* ibidem.

[97] Sobre as técnicas de negociação de contratos de transferência de tecnologia, ver Celso Cláudio de Hildebrand e GRISI, "Técnicas de negociação para contratos de cooperação técnica internacional", in *Cooperação internacional: estratégia e gestão*, São Paulo, Edusp, 1994, pp. 577-595.

Duas são as abordagens, conceitualmente distintas, de regulamentação da matéria e usualmente empregadas para a resolução dos problemas apontados:

- as partes determinam quais as informações do transferente, de cunho confidencial sobre a tecnologia, virão a ser comunicadas ao receptor; e, por parte deste, quais as informações serão manifestadas ao transferente sobre sua capacidade técnica e comercial[98]. Tal forma de compor os interesses das partes leva à conclusão de um acordo de confidencialidade[99];

- as partes acordam, de forma precisa, sobre os resultados a serem obtidos mediante a exploração da tecnologia[100], e o transferente assegura ao receptor a consecução de tais resultados; nesse caso, o transferente não comunica ao receptor qualquer informação sobre o conteúdo da tecnologia, mas apenas explicita os custos e as informações operacionais; essa forma é usualmente designada como *black box*[101].

As diferentes abordagens na resolução das questões assinaladas comportam vantagens e desvantagens específicas. O quadro a seguir consolida as que se consideram principais[102]:

---

[98] Cf. Luiz Alfredo R. da S. PAULIN, "Contribuição aos estudos do contrato internacional de *know-how*", *cit.*, p. 159, e Maristella BASSO, "Contratos internacionais do comércio: negociação; conclusão; e prática", *cit.*, p. 147.

[99] Cf. Herbert STUMPF, "El contrato de know how", *cit.*, p. 40.

[100] Cf. NAÇÕES UNIDAS, "Guide sur la rédaction de contrats portant sur le transfert international de know-how (savoir-faire) dans l'industrie mécanique", *cit.*, pp. 6-7.

[101] Cf. Roger M. MILGRIM, "Milgrim on licensing", *cit.*, cap. 9, p. 18.

[102] Sobre o assunto, ver: Roger M. MILGRIM, "Milgrim on licensing", *cit.*, cap. 9, pp. 17-24; Luiz Alfredo R. da S. PAULIN, "Contribuição aos estudos do contrato internacional de *know-how*", *cit.*, pp. 154-159; Joanna SCHMIDT, "Négotiation et conclusion de contrats", *cit.*, pp. 121-130; Maristella BASSO, "Contratos internacionais do comércio: negociação; conclusão; e prática", *cit.*, pp. 146-147; António Marques dos SANTOS, "Transferência internacional de tecnologia: alguns problemas gerais", *cit.*, pp. 276-278; e UNITED NATIONS INDUSTRIAL DEVELOPMENT ORGANIZATION (UNIDO), "Guide to guarantee and warranty provisions in transfer-of-technology transactions", *cit.*, pp. 15-16.

forma	transferente	receptor	
Troca de informações confidenciais pelas partes	1. menor responsabilidade na obtenção dos resultados pretendidos pelo receptor na exploração da tecnologia.	1. menor risco na recepção de tecnologia inadequada.	vantagens
	2. melhor conhecimento da infra-estrutura comercial e industrial do receptor.	2. melhor conhecimento da idoneidade e capacidade técnica do transferente	
	1. maior risco na transferência de tecnologia indesejada na fase pré-contratual.	1. maior responsabilidade na obtenção da capacidade tecnológica.	desvantagens
Oferta de resultado pelo transferidor	1. risco diminuto de transferência indesejada de tecnologia na fase pré-contratual.	1. menor responsabilidade na obtenção dos resultados pretendidos com a exploração da tecnologia.	vantagens
	1. maior responsabilidade na obtenção do resultado pretendido pelo receptor com a exploração da tecnologia, na fase de execução do contrato.	1. maior risco com relação à transferência de tecnologia inadequada.	desvantagens
	2. menor conhecimento da infra-estrutura comercial do receptor.	2. menor conhecimento sobre a idoneidade e capacidade técnica do transferente.	

Na prática, tais formas são normalmente conjugadas, dando-se preponderância a uma ou a outra, conforme as particularidades de cada negociação (onde influenciam os fatores culturais e experiências anteriores de cada uma das partes)[103].

Seção 2
Principais Documentos

Passamos, então, a analisar mais detidamente os principais documentos elaborados na fase negocial, com vistas à resolução do conflito negocial, e as questões jurídicas envolvidas na negociação do contrato sob estudo. Assim, para maior clareza na caracterização e análise dos referidos documentos, entendemos ser melhor estudar de forma isolada o acordo de confidencialidade e o documento constituído quando da opção pela forma *black box*, fazendo, quando oportunas, as devidas correlações, em razão de sua utilização conjunta na prática dessas negociações.

O acordo de confidencialidade consiste em um negócio jurídico de natureza contratual[104] em que são partes o transferente e o receptor potenciais. É inominado, uma vez que, normalmente, não lhe é conferida disciplina especificadas pelas diversas legislações.

Usualmente, não se exige forma solene (instrumento particular ou público), podendo ser celebrado oralmente. Contudo, a prática internacional consagrou a forma escrita, seja pela relevância que assume o contrato para a proteção dos interesses das partes na fase nego-

---

[103] Neste contexto, a existência de patentes, compreendendo parte da tecnologia a ser transferida, pode consistir, também, em importante elemento para viabilizar a negociação, uma vez que, conforme já exposto, é possível que o receptor tenha conhecimento parcial do conteúdo da tecnologia sem que isso implique risco de o transferente perder o controle sobre ela.

[104] Sobre o asssunto, ver Luiz Alfredo R. da S. PAULIN, "Contribuição aos estudos do contrato internacional de *know-how*", *cit.*, pp. 160-162.

cial, seja pela posterior dificuldade em provar sua conclusão e alcance, se foi celebrado oralmente. O objeto do acordo de confidencialidade consiste no compromisso assumido por ambas as partes de não divulgarem a terceiros as informações reciprocamente veiculadas, assim como de não as utilizarem para outro fim que não o de avaliar a conveniência da celebração do contrato definitivo para transferência de tecnologia[105]. A prática consagra tanto contratos que obrigam ambas as partes (bilaterais), como contratos que incidem apenas sobre o receptor (unilaterais), como demonstram os exemplos[106]:

"Pelo presente acordo, as partes se comprometem a considerar como estritamente confidenciais as informações recebidas, e as que serão fornecidas no decorrer das negociações, após a assinatura deste. As partes se comprometem a não divulgar a terceiros as informações e conhecimentos obtidos sem prévia e expressa autorização da outra parte. Da mesma forma, as partes se comprometem que as informações não serão utilizadas nem por elas próprias, nem por terceiros prepostos das Empresas."

1. *A* se dispose à fournir à *B* le know-how raisonnablement nécessaire pour lui permettre d'envisager la mise en fabrication de ....
....
2. *B* s'engage à considerer comme étant strictment confidentielles les informations déjà reçues ainsi que celles qui lui seront communiquées après signature de la présente. Il s'interdit de les divulguer à des tiers sans autorisation préalable et expresse de *A*. Il se reconnait responsable des indiscrétions éventuelles qui pourraient être commises par ses propres préposés auxquels il aurait été amené à les révéler.
3. *B* s'engage en outre à ce que ces informations ne soient utilisées ni par lui-même, ni par ses préposés ou des tiers que pour les besoins limités du présent accord ou pour ceux de l'accord définitif qui pourrait intervenir ultérieurement entre les parties.

---

[105] Cf. Joanna SCHMIDT, "Négotiation et conclusion de contrats", *cit.*, p. 130.

[106] Cf. Maristella BASSO, "Contratos internacionais do comércio: negociação; conclusão; e prática", *cit.*, p. 186; e Jean Marc MOUSSERON, "Technique contractuelle", Paris, Editions Juridiques Lefebvre, 1988, p. 78.

O conteúdo das informações a serem transferidas, por sua vez, varia em cada caso, conforme sua particularidade, podendo-se considerar, genericamente, que o transferente deverá comunicar ao receptor informações sobre o conteúdo da tecnologia, custos e resultados de sua exploração (rentabilidade e diferencial competitivo). Paralelamente, competirá ao receptor dar notícia ao transferente sobre a própria infra-estrutura industrial e comercial (rede de distribuição e participação no mercado). Evidencia-se, portanto, o caráter personalíssimo (*intuitu personae*) do contrato. É possível, por isso, que não se determinem previamente as informações a serem comunicadas, como no modelo acima descrito. Nesse caso, é usual criar-se um mecanismo para a identificar e incluir essas informações no acordo de confidencialidade, como ilustra a cláusula abaixo[107]:

To facilitate administration of this agreement, it is agreed that following any oral discussion between you and ourselves of such Confidential information, we will prepare a written summary of such oral discussions and provide you with a copy thereof. Such written summaries, together with manuals, flow-sheets, drawings, specifications, designs and simillar written data furnished to you by us, shall be accepted by the parties as the total record of Confidential information disclosed by us to you in confidence hereunder, except to the extent that you may have gathered additional information through the inspection of pilot plants or other installations using the Process.

Por outro lado, as informações a serem comunicadas podem ser predeterminadas, caso em que o acordo descreverá sua natureza, além de enumerar os documentos entregues. Apresentamos o seguinte exemplo[108]:

El interesado tiene la intención de concertar un contrato de *know-how* con el concedente. A fin que pueda determinarse si cabe considerar la conclusión de un contrato de esa índole, el dador se obliga a

---

[107] Cf. Jean-Marie DELEUZE, "Le contrat de transfert de processus technologique: know-how", *cit.*, p. 126.

[108] Cf. Herbert STUMPF, "El contrato de know how", *cit.*, p. 269.

entregarle al interesado los siguientes elementos documentales .... hasta el ....

A obrigação de confidencialidade alcança os funcionários[109], mandatários ou negociadores das partes que venham a ter contato com as informações confidenciais. Assim, é usual o acordo prever disposição no seguinte sentido[110]:

The disclosee shall permit access to the materials to be furnished by discloser to only those persons identified in Schedule I to this agreement. Each of those persons shall sign a statement, in the form appended to this Agreement, aknowledging his or her familiarity with the restrictions on use and disclosure of the information to be provided for the sole purposes of the evaluation, and by signing such aknowledgment shall recognize that discloser, which would be irreparably injured by reason of any unauthorized use ore disclosure, shall have a direct right of action against him or her for unauthorized use or disclosure.

Conforme demonstra a cláusula acima, firmará compromisso unilateral de manter sigilo sobre as informações recebidas e de restringir sua utilização aos fins da negociação do contrato de transferência de tecnologia o funcionário, mandatário ou negociador envolvido na negociação que venha a ter contato com a tecnologia e com as demais informações confidenciais. Apresentamos o seguinte modelo exemplificativo[111]:

We the undersigned..................... hereby declare that we belong to the personnel of .... as .... and that we have read the agreement signed by .... and .... dated .... concerning to secrecy obligations.
We further undertake that considering their economic value as such, all information and documents related to the 'Process' shall not at

---

[109] Sobre o alcance da obrigação de confidencialidade de funcionários, ver John McDERMOTT, "Confidentiality clauses for the trade secret protection", in *AIPPI journal*, Tóquio, AIPPI, v. 16, n. 5, 1991, pp. 223-237.

[110] Cf. Roger M. MILGRIM, "Milgrim on licensing", *cit.*, cap. 9, p. 23.

[111] Cf. Jean-Marie DELEUZE, "Le contrat de transfert de processus technologique: know-how", *cit.*, p. 127.

any time be used or divulged except for the purposes of this preliminary agreement or for those of some subsequent agreement between the parties hereto.
Read and accepted this ....
By ....

Todavia, há situações em que a obrigação de confidencialidade não se aplica ou, na hipótese de que isso ocorra, a parte fica automaticamente exonerada de cumpri-la. Uma vez que, conforme mencionamos, a matéria é escassamente prevista pelas legislações nacionais, faz-se conveniente a devida regulamentação pelas partes.

Assim, a obrigação de confidencialidade não se aplica às informações consideradas por apenas uma das partes como confidenciais, porém, já conhecidas pela outra parte[112], como demonstra o exemplo[113]:

All technical information disclosed by .... to you with the respect to such Process, as defined above, shall be considered by you to be remitted in confidence and to remain as Confidencial information, except to the extent that:
a) it is known to you prior to the time of its disclosure hereunder;

A dificuldade, neste caso, reside na identificação das informações já conhecidas pelas partes antes do início das trocas de informações. Usualmente, adota-se a fórmula na qual a parte receptora das informações deverá, se alegar seu prévio conhecimento, realizar a devida comprovação, como ilustra o modelo abaixo[114]:

Ces informations ne seront pas à considerer comme confidentielles dans la mesure où:
a) je les aurais développées d'une façon indépendante avant la date de la visite et pourrais le prouver par des documents écrits dont la date ne soit pas discutable;

---

[112] Cf. Roger M. MILGRIM, "Milgrim on licensing", *cit.*, cap. 9, p. 26.

[113] Cf. Jean-Marie DELEUZE, "Le contrat de transfert de processus technologique: know-how", *cit.*, p. 125.

[114] Cf. Jean-Marie DELEUZE, "Le contrat de transfert de processus technologique: know-how", *cit.*, p. 128.

Convém, ainda, às partes fixar um prazo para que o receptor da informação alegue o prévio conhecimento desta, a fim de que tal possibilidade não se perpetue *ad infinitum*[115].

Fica o receptor da informação igualmente exonerado da obrigação de mantê-la confidencial quando, de forma legítima, venha a adquiri-la através de terceiros[116]. Tal hipótese normalmente se concretiza após a finalização de tratativas frustradas[117], nas situações em que o receptor da informação continua obrigado à confidencialidade. Neste contexto, o recebimento de notícia idêntica da parte de terceiros extingue a obrigação anteriormente contraída. No acordo de confidencialidade, tal disposição pode ser prevista da seguinte forma[118]:

Ces informations ne seront pas à considerer comme confidentielles dans la mesure où:
c) ces informations auraient été acquises par moi d'un tiers n'ayant pas reçu des informations à titre confidentiel de .... ou de ses licencés, directement ou indirectement, et qui aurait été d'une façon quelconque en droit de les divulguer.

Pode, ainda, a informação cair em domínio público, o que também fará extinguir a obrigação de resguardo da confidencialidade. Como, por sua vez, a noção de domínio público varia de acordo com o ordenamento jurídico em questão, é usual que as partes também se manifestem no sentido de esclarecê-la, para os efeitos do acordo de confidencialidade. É o que se verifica pelo exemplo[119]:

[115] Cf. Evadren A. FLAIBAM, "Cláusulas de confidencialidade", in *Atualidades Jurídicas*, São Paulo, Câmara de Comércio França-Brasil, n. 32, 1992, p. 3.

[116] Cf. Luiz Alfredo R. da S. PAULIN, "Contribuição aos estudos do contrato internacional de *know-how*", *cit.*, p. 171.

[117] V. Roger M. MILGRIM, "Milgrim on licensing", *cit.*, cap. 9, p. 27-28.

[118] Cf. Jean-Marie DELEUZE, "Le contrat de transfert de processus technologique: know-how", *cit.*, p. 128.

[119] Cf. Jean-Marie DELEUZE, "Le contrat de transfert de processus technologique: know-how", *cit.*, p. 125-126. V. também, minuta apresentada por

All technical information disclosed by .... to you with the respect to such Process, as defined above, shall be considered by you to be remitted in confidence and to remain as Confidencial information, except to the extent that:
b) it shall have appeared in any printed publication or shall have become a part of the public domain described specifically for the manufacture of .... excepting if such information shall have appeared in any printed publication, or shall have become a part of public domain as a result of your own act or omission subsequent to the date of this agreement;
...
It being agreed, moreover, that even though some of said information so disclosed or obtained may for one reason or another, be in public domain generally, the very fact that we .... use such information for the manufacture of .... inherent to the process in its globality shall be regarded by you as a trade secret and confidential disclosure; and it being further provided that such information so disclosed or obtained shall not to be deemed to be in public domain merely because it is embraced by mere general information in your prior possession or in that of others.

Por fim, discute-se a extinção da obrigação de confidencialidade quando o receptor que participou de negociações infrutíferas obtém mediante pesquisa *independente* a informação que lhe fora comunicada a título confidencial pela outra parte. De fato, a doutrina[120] entende ser possível ao receptor exonerar-se de tal obrigação, desde que a referida pesquisa não haja envolvido informação veiculada durante as tratativas, bem como nenhum dos funcionários, mandatários ou negociadores que tenham participado da negociação. Nesse mesmo sentido, há uma decisão judicial norte-americana estatuindo[121]:

Jacques-Henri GAUDIN, "Guide pratique de l'ingénierie des licenses et des coopérations industrielles", Paris, Litec, 1993, pp. 215-216.

[120] Ver Luiz Alfredo R. da S. PAULIN, "Contribuição aos estudos do contrato internacional de *know-how*", cit., pp. 172-174; e Roger M. MILGRIM, "Milgrim on licensing", cit., cap. 9, pp. 29-36.

[121] Davis v. General Motors Corp. 196 U.S.P.Q. 218, 222 (N.D. III. 1977), cf. Roger M. MILGRIM, "Milgrim on licensing", cit., cap. 9, p. 33.

"No recovery can be granted for misappopriation of proprietary information where, as here, the defendant's catalyst and the manufacturer's process were independently developed and no information obtained from the plaintiff or his catalyst was used by the manufacturer's (the disclosees) in producing the catalyst."

Desta forma, para antecipar-se a eventuais controvérsias, as partes usualmente regulamentam tal questão no acordo de confidencialidade. Apresentamos o seguinte modelo[122]:

Notwithstanding the restrictions on use and disclosure, the Disclosee shall be entitled to develop the same or similar matter through an independent development program, and the fact that such program shall develop the same or sustantially equivalent matter as that which the Discloser has disclosed to the Disclosee shall not create any liability on the Disclosee's part to the Discloser and shall not result in any restrictions on the use or disclosure by the Discloses of such independently developed matter. Provided, however, that the Disclosee shall have the burden of establishing that each employee, consultant and any other person who shall have worked on the Disclosee's asserted independent development shall not have had access (,direct or indirect,) to the matter disclosed under this Agreement.

Finda a análise das hipóteses desonerativas da obrigação de manter-se a confidencialidade sobre as informações trocadas na fase negocial, cumpre analisar as garantias fornecidas para o caso de descumprimento do acordo. A violação da obrigação de confidencialidade implicará a obrigação, pela parte infratora, de indenizar a parte prejudicada[123]. Como o montante da indenização varia de acordo com a legislação aplicável ao caso concreto[124], e tendo em vista sua especial relevância para

---

[122] *Id*, pp. 34-35.

[123] Cf. Jean Marc MOUSSERON, "Technique contractuelle", *cit.*, pp. 87-88.

[124] Cf. NAÇÕES UNIDAS, "Guide sur la rédaction de contrats portant sur le transfert international de know-how (savoir-faire) dans l'industrie mécanique", *cit.*, p. 7.

o detentor da tecnologia, é possível, em determinados casos, que este exija a prestação de uma caução por parte do receptor, como exemplifica Stumpf[125]:

"Antes de la entrega, el interesado depositaría en la cuenta .... del dador del 'know-how' en el banco .... la suma de DM .... en calidad de garantía, por la entrega de los elementos documentales secretos. Dichos elementos serán entregados solo cuando la suma mencionada haya ingresado en la cuenta del concedente. El interesado se obliga a confirmarle al concedente por escrito la recepción en regla de los elementos".

No caso de sucesso nas negociações, tal caução pode ser devolvida ao receptor ou convertida em pagamento da remuneração quando da conclusão do contrato definitivo de transferência de tecnologia. Na hipótese contrária, de se frustrarem as negociações, a caução persiste, em princípio, durante a vigência do acordo de confidencialidade. É evidentemente possível que haja resistência, da parte do prestador da garantia, em aceitar tal disposição, sobretudo porque caso não tenha sido firmado o contrato definitivo , a vigência de tais acordos se estende por longo período. Assim, é possível que as partes fixem, para a devolução da caução, período inferior ao da vigência do acordo ou, ainda, que tal devolução se faça gradativamente, ao longo da vigência do referido acordo. É usual, também, o acordo no sentido de que a caução seja considerada parte da remuneração pela transferência das informações realizadas durante as frustradas tratativas. Nesse caso, ficam extintas as obrigações do receptor quanto à não-utilização e à confidencialidade das referidas informações[126].

---

[125] Cf. Herbert STUMPF, "El contrato de know how", *cit.*, p. 270.

[126] Cf. NAÇÕES UNIDAS, "Guide sur la rédaction de contrats portant sur le transfert international de know-how (savoir-faire) dans l'industrie mécanique", *cit.*, p. 7.

Por fim, varia a vigência do referido contrato, conforme dissemos, dependendo seja ou não concluído o contrato definitivo. Na hipótese de sua conclusão, o acordo normalmente perde sua validade, substituído pelas cláusulas contratuais específicas, elaboradas pelas partes, que passam a regular a matéria. No caso da frustração das negociações, vigora o contrato por prazo certo, se assim definido pelas partes, ou até que ocorra uma das hipóteses desonerativas da confidencialidade do domínio público, aquisição de terceiros ou desenvolvimento de pesquisas independentes. Ressalte-se que o prazo de vigência, ante a ausência de disposição legal expressa, é normalmente estabelecido de forma aleatória[127], a qual busca equacionar os interesses em jogo: o do transferente, para prolongá-lo ao máximo possível, e o do receptor, para minimizá-lo.

Concluída a análise do acordo de confidencialidade, passamos a estudar a segunda hipótese, visando à resolução do conflito apresentado na fase negocial do contrato sob estudo, segundo a qual o transferente resiste a informar sobre a tecnologia, como recurso para preservá-la sob seu controle, enquanto o receptor demanda o conhecimento de seu conteúdo, para verificar sua adequação à inovação tecnológica pretendida e para avaliá-la quanto à "vida útil" e à remuneração.

Nesta hipótese, conforme apresentamos anteriormente, o transferente não dá conhecimento ao receptor de nenhuma informação relevante ligada ao conteúdo da tecnologia[128]. Por outro lado, fornece as informações

---

[127] Roger MILGRIM descreve bem tal questão: "Just as parties use arbitrary rates of royalty in their negotiations, without using commercial and economic analyses which would yield the most suitable royalty rates, the parties often select an arbitrary term to set the outer limits of the disclosee's duty not to use or disclose. Not infrequently the term is 10 years for serious process technology, and indeed that seems to be a rather common pattern in European confidentiality agreements." Cf. Roger M. MILGRIM, "Milgrim on licensing", *cit.*, cap. 9, p. 38.

[128] Cf. Placido SCAGLIONE e Stefano SANDRI, "Licensing: aspetti tecnico-giuridici, scelte di impresa, guida alla negoziazione e redazione degli accor-

que envolvem os resultados operacionais obtidos com a implementação da tecnologia (rentabilidade, impacto no processo produtivo, eficiência, melhoria da qualidade do produto, redução de custos, diferencial competitivo e impacto na marca proporcionados) e as vinculadas aos custos dos investimentos para a transferência e a exploração da tecnologia[129].

Ato contínuo, o transferente formaliza documento que reflete o compromisso de obter o resultado descrito (cronograma: tempo, volume e qualidade), caso as partes venham a formalizar o contrato definitivo de transferência de tecnologia. Esse documento constitui, assim, ato jurídico unilateral do detentor da tecnologia e integra a oferta do contrato de transferência de tecnologia[130], a qual se forma de maneira pontual e sucessiva, sedimentando-se no curso das tratativas. Por conseguinte, a vinculatividade desse ato observa as regras que sejam aplicáveis à oferta (emissão e revogação), considerado o caso concreto. O modelo abaixo ilustra o conteúdo de tal documento[131]:

The Licensor represents and warrants that upon the completion of the Licensed Facility, and for the .... months after its start up, the Licensed Facility will produce not less than .... tons per calendar month of the Licensed Product conforming to the specifications set forth in Schedule .... (and having a reject percentage of no greater than .... % when tested in accordance with section .... of Schedule .....). During the .... month period in which this representation and warranty shall survive, if the Licensee shall experience production (or a reject rate) which is not in conformity

---

di", *cit.*, p. 117; e Luiz Alfredo R. S. PAULIN, "Contribuição aos estudos do contrato internacional de *know-how*", *cit.*, p. 315.

[129] Cf. NAÇÕES UNIDAS, "Guide sur la rédaction de contrats portant sur le transfert international de know-how (savoir-faire) dans l'industrie mécanique", *cit.*, p. 6.

[130] Sobre os elementos que compõem a oferta, ver Paulo Borba CASELLA, "Negociação e formação de contratos internacionais - em direito francês e inglês", *cit.*, pp. 146-147; e Joanna SCHMIDT, "Négotiation et conclusion de contrats", *cit.*, pp. 32-36.

[131] Cf. Roger M. MILGRIM, "Milgrim on licensing", *cit.*, cap. 23, p. 35.

with Schedule ....., the Licensee shall immediatly notify the Licensor of such nonconformity with sufficient detail and, to the extent practicable, with samples of output. Within ...... days Licensor's receipt of such notice, the Licensor's representatives shall visit the Licensed Facility and, with the cooperation of the Licensee, shall seek to achieve the Schedule .....specifications thereafter. Failing which, (respective rights and duties to be spelled out).

Caso os resultados descritos neste documento não tenham sido alcançados quando da fase de execução do contrato, e desde que as partes não os tenham modificado ao elaborar o contrato definitivo, ficará caracterizada a má-fé do transferente. Por conseguinte, entre as opções de remédios jurídicos possíveis para o receptor nesta situação, segundo a lei aplicável ao contrato, poderá haver a anulação do referido contrato, por existência de vício na formação do ato jurídico, qual seja, dolo por parte do transferente[132].

Capítulo 3
LIMITES JURÍDICOS ÀS NEGOCIAÇÕES

Examinado o quadro das negociações do contrato internacional de transferência de tecnologia, cumpre agora estudar os limites impostos à autonomia das partes, na auto-regulação de seus interesses. A relevância de tal abordagem, ainda na fase pré-contratual, decorre do fato de que as partes, nesta etapa, devem-se conduzir de forma a evitar a celebração de contrato nulo ou anulável[133].

---

[132] Cf. Enzo ROPPO, "O contrato", *cit.*, pp. 239-241.

[133] Como esclarece Joanna SCHIMDT: "Si l'efficacité juridique (donc aussi économique) d'un contrat se justifie principalement par la force créatrice de la volonté, elle suppose également sa conformité à certaines conceptions plus générales exprimées par le legislateur. Il n'est pas opportun, en effet, d'assurer la sanction juridique d'un contrat qui méconnaît les idées fondamentales de justice et de loyauté contractuelles, voire une certaine conception de l'ordre public.".V. Joanna SCHMIDT, "Négotiation et conclusion de contrats", *cit.*, p. 133.

Estudaremos, primeiramente, os limites estabelecidos pelos Estados, em sua ordem interna e, após, aqueles vigentes na ordem internacional.

Seção 1
Estabelecidos pela Ordem Interna

A intervenção do Estado nos negócios internacionais de transferência de tecnologia pode ser justificada por razões de cunho político, econômico e de proteção ao particular nacional. No âmbito político, o controle sobre os fluxos de tecnologia pelo Estado do transferente se dá sob a justificativa de que a riqueza nacional exportada deve observar, necessariamente, os objetivos do Estado, em suas relações internacionais[134]. Por isso, estabelecem-se controles para a transferência de tecnologia distinguindo países "inimigos" e "amigos"[135], pelos quais se determinam as tecnologias que podem ser transferidas e sob quais condições. Já na esfera do Estado do receptor, as principais razões políticas para o controle do ingresso de tecnologia são ligadas à defesa nacional[136], além de explicitarem o intuito de evitar que se forme uma relação de dependência tecnológica com o Estado do transferente[137].

---

[134] Cf. José Carlos de MAGALHÃES, "O controle pelo Estado da atividade internacional das empresas privadas", in *Direito e Comércio Internacional: tendências e perspectivas*, São Paulo, LTR, 1994, p. 196.

[135] Cf. Christopher L. BAKER e Coudert BROTHERS, "Regulation of technology flows", in *Joint ventures as a chanel for the transfer of technology*, New York, Nações Unidas, UNCTAD/ITP/TEC/9, 1990, p. 36. Ver, também, Carlos Jorge Sampaio COSTA, "O código de conduta das empresas transnacionais", Rio de Janeiro, Forense, 1984, pp. 81-85.

[136] Cf. José Carlos de MAGALHÃES, "O controle pelo Estado da atividade internacional das empresas privadas", *cit.*,p. 199.

[137] Sobre o assunto, ver Alain BOUTAT, "Relations technologiques internationales - mécanismes et enjeux", *cit.*, pp. 103-114; e Celso D. de Albuquerque MELLO, "Direito internacional econômico", Rio de Janeiro, Renovar, 1993, p. 181.

Sob a ótica econômica, o Estado, através da regulamentação de determinados contratos que envolvem interesses socioeconômicos, visa a organizar as atividades de produção e distribuição de bens e serviços, definindo a concepção macroeconômica adotada[138]. Enquadra-se nesse contexto a regulamentação dos contratos de transferência de tecnologia, pela relevância que eles assumem como fatores de desenvolvimento econômico[139].

Em razão de sua internacionalidade, com as conseqüentes remessas de recursos para o exterior (remuneração pela transferência de tecnologia) há, também, a preocupação do Estado do receptor da tecnologia com o equilíbrio da balança de pagamentos, com o controle do fluxo monetário e, se for o caso, com o investimento estrangeiro[140].

Ademais, a intervenção do Estado também almeja tutelar o interesse do particular nacional, principalmente quando se analisam as transferências de empresas transnacionais[141] (transferentes) para empresas do terceiro mundo (receptoras).Nestes casos, há evidente desequilíbrio de força entre as partes, imposto pelo alto grau de controle de tecnologias avançadas pelas empresas

---

[138] Cf. Joanna SCHMIDT, "Négotiation et conclusion de contrats", *cit.*, p. 173. Ver, também, Vera Helena de Mello FRANCO, "Contratos de transferência de tecnologia: Intervenção estatal e tutela legal", *Revista de Direito Mercantil*, São Paulo, RT, n.33, 1979, p. 59.

[139] Cf. Bernard REMICHE, "Les mecanismes de transfert de technologie et leurs effets: realité et perspectives", in *Transfert de technologie: enjeux economiques e structures juridiques*, Paris/Louvain-la-neuve, Economica/Cabay, 1983, p. 404; e Luiz Alfredo R. da S. PAULIN, "Contribuição aos estudos do contrato internacional de *know-how*", *cit.*, p. 305.

[140] V. Juan M. FARINA, "Contratos comerciales modernos", Buenos Aires, Astrea, 1993, p. 633.

[141] Sobre a atuação das empresas transnacionais e os contratos de transferência de tecnologia, ver Luiz Olavo BAPTISTA, "Empresa transnacional e direito", São Paulo, RT, 1987, pp. 133-135.

transnacionais[142], como ressalta a Unido[143]:

> "In addition, the principle of contractual freedom usually works for the party with the stronger bargaining position. In this connection it should be born in mind that transnational corporations are lagerly responsible for the flow of technology to developing countries. It is estimated that the share of transnational corporations in the world's technology turnover oscillates between 60 to 70 per cent, representing approximately 90 per cent of the flow of technology to developing countries. Usually the bargaining power of the transnational corporation will prevail over that of the recipient."

Este desequílibrio de forças é ainda mais agudo quando a tecnologia detida pelo transferente recebe a proteção da legislação de propriedade industrial no país do receptor. Tal fato foi bem identificado por Baker e Brothers[144]:

> "A host country must establish a certain degree of protection of rights in intangible property. To some degree, such legal protection establishes a monopo-

---

[142] Sobre o assunto v. António Marques dos SANTOS, "Transferência internacional de tecnologia: alguns problemas gerais", *cit.*, pp. 268-276; e Jorge OTAMENDI, "Transferencia de tecnologia: una cuestión que exige realismo", in *Derechos Intelectuales*, Buenos Aires, Astrea, vol. 2, 1993, pp. 118-119.

[143] Cf. UNITED NATIONS INDUSTRIAL DEVELOPMENT ORGANIZATION (UNIDO), "Guide to guarantee and warranty provisions in transfer-of-technology transactions", *cit.*, p. 11. No mesmo sentido o prof. Luiz Alfredo PAULIN esclarece: "Destarte, parece claro que uma das vertentes do dirigismo contratual que se aplica aos contratos de transferência de *know-how* se fundamenta nisto, vale dizer, na proteção que o Estado vem dando à parte mais fraca da relação contratual, a qual, por suposto, é o adquirente de um dado *know-how*.". Cf. Luiz Alfredo R. da S. PAULIN, "Contribuição aos estudos do contrato internacional de *know-how*", *cit.*, p. 313. Ver, também, Antonio FOGLIO, "Il commercio estero delle tecnologie, dei progeti industriali e dei know-how", *cit.*, pp. 102-103.

[144] Cf. Christopher L. BAKER e Coudert BROTHERS, "Regulation of technology flows", *cit.*, p. 32. No mesmo sentido, ver Celso D. de Albuquerque MELLO, "Direito internacional econômico", *cit.*, pp. 182-183.

ly. At the same time, by creating such a monopoly, the host country legislator is placing its native enterprise at a competitive disadvantage, as it must bargain against monopolist. The host country legislator will therefore also legislate to protect the interests of its native enterprise."

Assim, com base nas razões acima caracterizadas, o Estado adota diversas formas de intervenção no âmbito de tais negócios. Detemo-nos na análise das principais.

No âmbito interno, o Estado interfere principalmente mediante:

a) normas cogentes, que regulam o conteúdo do contrato e são informadas pela ordem pública;

b) controle na formação e execução dos contratos;

c) controle na remessa de remuneração para o exterior.

Consiste em prática usual dos Estados a instituição de normas cogentes na esfera dos contratos, as quais impõem obrigações específicas às partes ou impedem a constituição de outras. Por sua vez, quando o conteúdo dessas regras está relacionado com a estrutura política, econômica, social e jurídica do Estado, constitui limitação à autonomia da vontade, nos contratos internacionais, em função da proteção à ordem pública[145], assim conceituada por Enzo Roppo[146]:

---

[145] Note-se que há normas cogentes, restringindo a autonomia das partes nos contratos internos, mas que não afeta os contratos internacionais, como ensina DOLINGER: "A ordem pública comanda a aplicação à norma jurídica, o direito positivo, não admitindo que as partes optem por outra solução. Todavia, se por força das regras de conexão do direito internacional privado, deva ser aplicada norma de outro país, diversa da nacional, a ordem pública não interferirá." Ver Jacob DOLINGER, "A evolução da ordem pública no direito internacional privado", Rio de Janeiro, tese de titularidade, Universidade do Estado do Rio de Janeiro, 1979, p. 41.

[146] Cf. Enzo ROPPO, "O contrato", cit., p. 179. Ver, também, o conceito formulado por Irineu STRENGER, "Contratos internacionais do comércio", 2a edição, São Paulo, RT, 1992, p. 121.

"*Ordem pública* é complexo de princípios e dos valores que informam a organização política e econômica da sociedade, numa certa fase da sua evolução histórica, e que, por isso, devem considerar-se imanentes no ordenamento jurídico que vigora para aquela sociedade, naquela fase histórica."

Note-se que a lei não é, em si, de ordem pública, sendo esta o princípio que informa a norma, e que atua como limitador da vontade das partes, impedindo tanto a aplicação do direito estrangeiro, quanto o reconhecimento de atos praticados no exterior e a execução de sentenças proferidas por tribunais estrangeiros[147]. A título ilustrativo, o Código civil brasileiro estatui[148]:

"As leis, atos e sentenças de outro país, bem como quaisquer declarações de vontade, não terão eficácia no Brasil, quando ofenderem a soberania nacional, a ordem pública e os bons costumes.".

A ordem pública caracteriza-se por sua instabilidade e contemporaneidade, ambas diretamente associadas ao contexto político, jurídico, moral e econômico de determinado Estado, em dado momento[149]. A definição, portanto, de quais sejam a normas informadas pela ordem pública[150] pode envolver, em caso concreto, extrema dificuldade. Essa atribuição cabe ao Poder Judiciário, na aplicação da lei ao caso concreto[151], baseando-se

---

[147] Cf. Jacob DOLINGER, "Direito internacional privado: parte geral", 2a edição, Rio de Janeiro, Renovar, 1993, p. 323.

[148] Artigo 17 da Lei de Introdução ao Código Civil.

[149] Jacob DOLINGER, "Direito internacional privado: parte geral", *cit.*, pp. 326-332.

[150] Cf. Irineu STRENGER, "Contratos internacionais do comércio", *cit.*, p. 122. Cf. Luiz Olavo BAPTISTA, "Dos contratos internacionais: uma visão teórica e prática", *cit.*, p. 69; e Jacob DOLINGER, "Direito internacional privado: parte geral", *cit.*, p. 332.

[151] Como explica ROPPO: "Ao juiz, na realidade, são facultados também instrumentos que lhe permitem controlar o regulamento contratual elaborado pelos sujeitos privados, e interferir, eventualmente, nas suas determinações, *já não segundo uma lógica solidária com as escolhas da autonomia privada*

na mentalidade e sensibilidade médias da respectiva sociedade, em dado momento[152].

Observa-se, historicamente, no âmbito dos contratos internacionais de transferência de tecnologia, que a regulamentação, pelo Estado do receptor da tecnologia, tem sido fortemente influenciada pela ordem pública, a despeito da imprecisão quanto à identificação de seu conteúdo, como esclarece o professor Luiz Olavo Baptista[153]:

"As normas cambiais e as que regulam a transferência de tecnologia estão dentre as que traduzem princípios de nossa ordem pública econômica, cujo objetivo é o desenvolvimento nacional. Por essa mesma razão, essas leis vão mudando o seu conteúdo com o correr do tempo e ao sabor de novas orientações políticas, como se teve oportunidade de observar recentemente."

Constata-se que, em geral, os países "naturalmente exportadores" de tecnologia, como a França, possuem legislação bastante "liberal", ou seja, pouco restritiva à autonomia das partes, enquanto os países "naturalmente importadores" apresentam maior interferência do Estado sobre o conteúdo dos contratos[154]. Nesse sentido, o

---

(como se viu acontecer com a interpretação e com o juízo de equidade) *mas, ao invés, segundo uma lógica de potencial antagonismo relativamente a ela*: são os instrumentos, através dos quais o juiz avalia se a operação realizada com os objectivos fundamentais e valores de natureza ética, social, económica, pelos quais se rege o ordenamento jurídico, ou até com contingentes escolhas políticas do legislador - por outras palavras, se os interesses privados prosseguidos com o contrato violam o interesse público, o interesse geral da colectividade". Cf. Enzo ROPPO, "O contrato", *cit.*, p. 177.

[152] Cf. Jacob DOLINGER, "Direito internacional privado: parte geral", *cit.*, p. 324.

[153] Cf. Luiz Olavo BAPTISTA, "Dos contratos internacionais: uma visão teórica e prática", *cit.*, p. 69.

[154] Cf. António Marques dos SANTOS, "Transferência internacional de tecnologia: alguns problemas gerais", *cit.*, pp. 395-396. Ver, também, Abdulgawi A. YUSUF, "L'élaboration d'un code international de conduite pour le transfert de technologie: bilan et perspectives", in *Revue Générale de Droit International Public*, Paris, Pedone, n. 4, 1984, pp. 797-802.

Brasil é, historicamente, um Estado importador de tecnologia e possuiu, por longo período, rígida regulamentação no que tange aos respectivos contratos[155]. O auge de tal regulamentação se deu com o Ato Normativo do INPI nº 15, de 11 de setembro de 1975, que sistematizou os referidos contratos e definiu cláusulas obrigatórias e cláusulas proibidas[156]. Vejam-se as cláusulas do contrato de "fornecimento de tecnologia industrial"[157]:

"4.5.1 - O contrato deverá:

a) explicitar e dimensionar ou detalhar o conjunto de dados e informações técnicas relativas à tecnologia a ser transferida, bem como especificar, com precisão e clareza, o escopo ou campo de atuação dos técnicos, no País e no exterior, através dos quais se dará a efetiva prestação da assistência técnica e a execução do programa de treinamento de técnicos especializados do adquirente, tendo em vista a conseqüente absorção de tecnologia;

b) identificar perfeitamente o produto ou os produtos, bem como a atividade ou o setor industrial em que será aplicada a tecnologia;

c) estabelecer o fornecimento de dados e informações técnicas complementares, ligadas especificamente à tecnologia transferida;

d) conter à obrigatoriedade de o fornecedor, durante a vigência do contrato, assistir tecnicamente a adquirente, a fim de assegurar o melhor aproveitamento da tecnologia transferida;

---

[155] Cf. Vera Helena de Mello FRANCO, "Contratos de transferência de tecnologia: Intervenção estatal e tutela legal", *cit.*, pp. 59-60.

[156] Sobre o Ato Normativo INPI n. 15/75, ver Vera Helena de Mello FRANCO, "Contratos de transferência de tecnologia: Intervenção estatal e tutela legal", *cit.*, pp. 61-64.

[157] Sobre outras hipóteses de definição do conteúdo do contrato pelo Estado, v. Luiz Alfredo R. da S. PAULIN, "Contribuição aos estudos do contrato internacional de *know-how*", *cit.*, pp. 315 -328.

e) prever adequadamente que o conteúdo da tecnologia a transferir será total, completo e suficiente para assegurar a obtenção das finalidades previstas e a autonomia indispensável para esses efeitos;
f) incluir garantia de que o fornecedor não poderá, a qualquer tempo, fazer valer quaisquer direitos de propriedade industrial que possam estar relacionados com o conteúdo da tecnologia transferida, exceto quanto a futuras inovações ligadas à mesma tecnologia, desde que regularmente protegidas no Brasil, com prioridade comprovada do país de residência ou domicílio do fornecedor, observado ainda o disposto na 'nota' do sub-item 'c' precedente;
g) fixar, no que se refere ao imposto de renda devido no Brasil, a responsabilidade de pagamento;
h) definir e explicitar outras responsabilidades e obrigações tanto do fornecedor, como do adquirente da tecnologia."

A par da regulamentação do conteúdo dos contratos de transferência de tecnologia, a intervenção estatal se processa mediante controle da formação e execução dos referidos contratos. Tal controle é exercido, usualmente, por autoridades administrativas nacionais[158], às quais os contratos devem ser submetidos para registro[159]. Os efeitos jurídicos do registro podem ser variados, dependendo do país. O professor Mateo, da

---

[158] No caso brasileiro, por exemplo, é uma autarquia federal (Instituto Nacional de Propriedade Industrial) criada pela Lei n. 5648, de 11 de dezembro de 1970, cujo papel foi ressaltado pelo prof. Newton SILVEIRA: "A situação de dependência tecnológica do País e os abusos perpetrados por meio de contratos carregados de cláusulas restritivas de concorrência tornaram indispensável a transformação do INPI em órgão responsável pela aplicação da política econômica na área de fiscalização e aprovação dos contratos de transferência de tecnologia.". Cf. Newton SILVEIRA, "Comentários ao acórdão do STF RE 95.382", in *Revista de Direito Mercantil*, São Paulo, RT, n. 54, 1984, p. 118.

[159] Cf. Allan S. GUTTERMAN, "Foreign regulation of inbound technology transfers and foreign investments", in *Counseling emerging companies in going international*, s.l., American Bar Association, 1994, p. 229.

Universidade de Bilbao, propôs a seguinte classificação[160]:

"-*Inscripción declarativa*. Tiene un carácter puramente exteriorizador de las actividades que se pretende acometer por el que solicita la inscripción, ésta es normalmente voluntaria aunque de ella trasciendan algunas consecuencias en cuanto a relaciones con terceros o se deriven posibilidades de obtener ayudas especiales de la Administración.
- *Inscripción constitutiva*. En este supuesto la inscripción en el Registro afecta al nacimiento de la personalidad jurídica o al menos a su capacidad para obras en un determinado sector relacional afectando a la eficacia de los acuerdos establecidos con terceros.
- *Inscripción autorizatoria*. Se trata del caso más generalizado, en el que, sin prejuzagarse la validez de las relaciones inter-privados, se condiciona la previa autorización administrativa a la inscripción en un Registro Especial, vigilando la Administración el cumplimiento de estas cargas y los medios coactivos habituales."

A título de exemplo: na ausência do respectivo registro, a lei argentina não assinala conseqüências no âmbito da validade ou eficácia do contrato; institui, porém, sanções de natureza fiscal[161]:

"Art. 9 - La falta de aprobación de los actos jurídicos mencionados en el art. 2 o la falta de presentación de aquellos contemplados en art. 3, no afectarán su validez, pero las prestaciones a favor del provedor no podrán ser deducidas a los fines impositivos como gastos por el receptor y la totalidad de los

---

[160] Cf. Ramon Martin MATEO, "El control de las transferencias tecnológicas", in *Seminario sobre adquisición de tecnologia extranjera*, Bilbao, Universidad de Bilbao, 1975, p. 115.

[161] Segundo a Lei n. 22.426, de 12 de março de 1981.

montos pagados como consecuencia de tales actos será considerada ganancia neta del provedor".

A exigência do referido registro possibilita que o escritório exerça controle prévio à execução do contrato. Nesse momento, a atuação dos escritórios, dependendo do país, pode consistir:

a) na avaliação da conveniência da "importação" de determinada tecnologia[162];

b) no exame das cláusulas contratuais, a fim de avaliar se estão em consonância com os dispositivos legais aplicáveis à matéria[163];

c) na avaliação da remuneração fixada, para atestar se está situada nos níveis de mercado[164].

Na fase da execução dos contratos, tais escritórios podem vir a realizar o acompanhamento do processo de transferência de tecnologia, visando a aferir se está em consonância com o que foi contratado e registrado no próprio escritório. Ilustrativamente, a antiga lei argentina (n. 21.617, de 12/08/77) incluía, entre as funções do Registro Nacional de Contratos de Licença e Transferência de Tecnologia[165], a seguinte:

---

[162] Sobre o assunto, v. Luiz Alfredo R. da S. PAULIN, "Contribuição aos estudos do contrato internacional de *know-how*", cit., pp. 304-310; Daniel D. ROMAN e Joseph F. PUETT Jr, "International business and technological innovation", cit., pp. 183-200; e António Marques dos SANTOS, "Transferência internacional de tecnologia: alguns problemas gerais", cit., pp. 139-212.

[163] V. Juan Jose GOMEZ-FONTECHA, "Las licencias de patente bajo las recientes disposiciones reguladoras de la transferencia de tecnologia", in *Seminario sobre adquisición de tecnologia extranjera*, Bilbao, Universidad de Bilbao, 1975, pp. 129-131.

[164] Um dos principais objetivos deste controle é evitar a transferência disfarçada de lucros para o exterior. Ver A. L. FIGUEIRA BARBOSA, "Propriedade e quase-propriedade no comércio de tecnologia", s.l., CET-SUP-CNPQ, s.d., p. 80. Ver, também, Alain GOULENE, "La problematique du transfert de technologie au Brèsil sous l'angle du droit économique international", Nice, Université de Nice, 1991, p. 71.

[165] Cf. Maria Cristina SLAME, "Transferencia de tecnologia", Buenos Aires, Depalma, 1982, p. 85.

"h) realizar el seguimiento de los actos jurídicos inscritos e informar a la autoridad de aplicación sobre su cumplimiento.".

Por fim, interferem os Estados nos contratos internacionais de transferência de tecnologia através do controle da remessa de remuneração para o exterior[166], o que justificam pela necessidade de equilibrar a balança de pagamento, de controlar o volume monetário em circulação e de coibir a evasão de divisas[167]. O referido controle é, geralmente, exercido pelos bancos centrais dos países, que exigem o prévio registro do contrato para autorizar as respectivas remessas de remuneração. A legislação brasileira bem ilustra o referido controle[168]:

"Artigo 9 - As pessoas físicas e jurídicas que *desejarem fazer transferências para o exterior a título de* lucros, dividendos, juros, amortizações, *royalties, assistência técnica*, científica, administrativa e semelhantes *deverão submeter aos órgãos competentes da Superintendência da Moeda e Crédito* e da Divisão do Imposto de Renda *o contrato e os documentos que forem necessários para justificar a remessa.*" (grifos nossos)

Após o estudo das razões e formas de intervenção estatal nos contratos internacionais de transferência de tecnologia, definindo os limites de atuação e a autonomia das partes na auto-regulamentação de seus interesses, passamos a abordar os limites estatuídos pela ordem internacional.

---

[166] V. Denis Allan DANIEL, "INPI vitorioso nos dois primeiros litígios judiciais relativos a contratos de exploração de patente e transferência de tecnologia", in *Revista de Direito Mercantil*, São Paulo, RT, n. 37, 1980, p. 174.

[167] Sobre o controle cambial para prevenir a evasão de divisas, ver Luiz Alfredo R. da S. PAULIN, "Contribuição aos estudos do contrato internacional de *know-how*", *cit.*, pp. 297-299.

[168] Lei n. 4.131, de 3 de setembro de 1962.

Seção 2
Estabelecidos pela Ordem Internacional

No âmbito da comunidade internacional, a intervenção no fluxo internacional de tecnologia se realiza, basicamente, através da celebração de tratados e convenções internacionais que objetiva, principalmente:

a) harmonizar e reforçar as diversas legislações dos países sobre propriedade industrial; e

b) regular a livre concorrência no âmbito dos mecanismos regionais de integração econômica.

A legislação sobre propriedade industrial tem, historicamente, constituído o principal instrumento de proteção legal à tecnologia[169], cumprindo, com isso, importante papel na facilitação das transferências internacionais. Argumenta-se que, mediante a proteção à propriedade industrial, o Estado objetiva fomentar a atividade de pesquisa e circulação internacional da tecnologia, gerando ambiente de confiança para a realização de investimentos estrangeiros[170].

Nesse sentido, um dos principais foros internacionais voltados para o aperfeiçoamento da legislação sobre propriedade industrial dos Estados tem sede na Organização Mundial sobre Propriedade Industrial (OMPI), constituída para administrar a Convenção de

---

[169] Celso Albuquerque MELLO, à esteira de Maurice DAHAN, assevera que a "tecnologia é um subproduto da propriedade industrial" (grifos nossos). Cf. Celso D. de Albuquerque MELLO, "Direito internacional econômico", *cit.*, p. 181. Sobre o surgimento e evolução da proteção à propriedade industrial ver NAÇÕES UNIDAS, "O papel do sistema de patentes na transferência de tecnologia aos países em desenvolvimento", Rio de Janeiro, Forense Universitária, TD/B/AC 11/19/REV. 1, 1979, pp. 110-118.

[170] Cf. Jorge OTAMENDI, "Transferencia de tecnologia: una cuestión que exige realismo", *cit.*, p. 124. Note-se que o prof. Celso A. MELLO ponderou que tal argumento tem sido utilizado reiteradamente pelos países "ricos" em detrimento do desenvolvimento dos países "pobres". Cf. Celso D. de Albuquerque MELLO, "Direito internacional econômico", *cit.*, p. 182.

Paris[171]. Firmada em 1883, a Convenção de Paris introduziu princípios e garantias mínimas sobre a matéria, de forma homogênea, sem prejuízo da legislação interna dos países signatários[172]. A versão original, através do tempo, tem sido sucessivamente revista[173], visando a proporcionar à ordem internacional um mecanismo ágil e atualizado para resguardo da propriedade industrial[174].

Dentre seus principais itens, a Convenção instituiu o tratamento igualitário da proteção conferida por determinado Estado a seus nacionais e aos cidadãos dos demais Estados-Partes, estendeu a proteção internacional à marca notória e fixou regras mínimas sobre a concorrência desleal. A isso, acrescenta-se, ainda, o direito de prioridade ao cidadão de determinado Estado signatário, desde que tenha solicitado pedido de patente, depósito de modelo de utilidade, de desenho, de modelo industrial ou de registro de marca em um dos Estados-Partes, de o requerer nos demais Estados signatários, dentro dos prazos estipulados[175].

Por outro lado, assinalam alguns autores que essa sistemática de proteção à propriedade industrial mostrou-se insuficiente para atender às necessidades crescentes do comércio internacional. Segundo Bertagnoli e Gutterman, a Convenção de Paris não logrou harmoni-

---

[171] Sobre os antecedentes da OMPI e seu papel, v. o artigo do prof. Guido F. S. SOARES, "Antecedentes internacionais da regulamentação de transferências internacionais de tecnologia", in *Revista de Direito Mercantil*, São Paulo, RT, n. 57, 1985, pp. 21-29.

[172] Cf. João da Gama CERQUEIRA. "Tratado da Propriedade Industrial", v. 2, t. 2, parte 3, Rio de Janeiro, Forense, 1956, p. 409.

[173] Até o presente momento, a Convenção sofreu as seguintes revisões : Ata de Bruxelas, 1900; Ata de Washington, 1911; Ata de Haia, 1925; Ata de Londres, 1934; Ata de Lisboa, 1958; e Ata de Estocolmo de 1967.

[174] Cf. John SINNOT, "The Paris convention of 1883 in an historical perspective", in *Managing Intellectual Property*, Euromoney Publ., n. 10, 1991, p. 29; e Philip W. GRUBB, "Patents in Chemistry and Biotechnology", Oxford, Claredon Press, 1986, p. 314.

[175] 12 meses para invenções e modelos de utilidade, e 6 meses para os desenhos e modelos industriais e marcas de fábrica e comércio.

zar de forma adequada as regras de direito material sobre a questão, mantendo-se diferenças relevantes entre as diversas legislações como, por exemplo, a respeito do produtos a serem protegidos, a duração do período de proteção e os requisitos exigidos para concessão do privilégio[176]. Em decorrência dessas divergências, segundo afirma Stewart, ocorreram inúmeras violações às marcas e invenções, com sérios prejuízos para as empresas que atuavam no comércio internacional[177].

Como resultado dessa falha no sistema de proteção à propriedade industrial, a patente deixou de constituir o principal veículo de transferência de tecnologia, como assertou o autor português António Santos[178]:

"Os fluxos de *know-how* são hoje muito mais importantes do que os de tecnologia patenteada e esta última não pode, em regra, ser assimilada sem o *know-how*. As patentes são mais um catálogo de tecnologias disponíveis do que um meio de acesso à tecnologia."

No mesmo sentido, constatou Deleuze[179], cada vez mais, o titular da tecnologia tem privilegiado o *know-how*, em detrimento da patente (mesmo se sua obtenção é juridicamente viável), em razão de fatores como: a publicidade imposta à patente, os problemas que envolvem sua obtenção (no Japão, por exemplo, o tempo médio é de 10 anos); e, por fim, o risco de a licença obrigatória beneficiar um concorrente. Dessa forma, o

---

[176] Cf. Leslie BERTAGNOLI e Alan S. GUTTERMAN, "International intelectual property laws", in *Counseling emerging companies in going international*, s.l., American Bar Association, 1994, pp. 177-178.

[177] Cf. Terrence STEWART, "The GATT Uruguay round: a negotiation history", Amsterdã, Kluwer, vol. 2, 1991, p. 2.259.

[178] Cf. António Marques dos SANTOS, "Transferência internacional de tecnologia: alguns problemas gerais", *cit.*, p. 342.

[179] Ver Jean-Marie DELEUZE, "Le contrat de transfert de processus technologique: know-how", *cit.*, p. 17.

autor[180], repetindo Appleton, afirma que o sistema de propriedade industrial, "complexo e perigoso", constitui uma proteção "ilusória".

Sublinhe-se, no entanto, que ocorre, atualmente, efetiva e relevante atuação da comunidade internacional no sentido de aprimorar o sistema de proteção vigente nos países, justamente porque a vulnerabilidade que afeta a propriedade industrial constitui sério obstáculo ao livre comércio internacional. A dificuldade de articulação no âmbito da OMPI[181] pela falta de interesse dos países pobres e em via de desenvolvimento de fortalecerem a respectiva legislação motivou a atuação unilateral e repressora dos países que se sentiram prejudicados, como se verificou, por exemplo, nos Estados Unidos, através da Super 301[182].

Essa pressão exercida sobre os países pobres e em desenvolvimento, resultou na necessidade de atenuar e regular as sanções que vinham sendo aplicadas (restringindo, principalmente, a atuação norte-americana). Assim, a matéria passou a ser tratada multilateralmente no âmbito do GATT[183], recentemente superado pela Organização Mundial do Comércio.

Ao término da Rodada Uruguai, firmou-se o acordo usualmente designado como TRIPS *(Trade-Related Aspects of Intellectual Property Rights)*. Trata-se de extensa

---

[180] *Id.*, p. 18.

[181] Cf. Hector A. GARCIA, "Los temas nuevos en la ronda Uruguay de acuerdo general sobre arranceles aduaneros y comercio (GATT): un intento de respuesta a las posiciones de los paises industrializados", CEPAL, LC/R.867, 1990, p. 11.

[182] Cf. Terrence STEWART, "The GATT Uruguay round: a negotiation history", *cit.*, pp. 2255-2259; e Hector A. GARCIA, "Los temas nuevos en la ronda Uruguay de acuerdo general sobre arranceles aduaneros y comercio (GATT): un intento de respuesta a las posiciones de los paises industrializados", *cit.*, p. 10.

[183] Cf. Terrence STEWART, "The GATT Uruguay round: a negotiation history", *cit.*, p. 2.313.

regulamentação envolvendo a propriedade intelectual que dispõe, basicamente, sobre[184]:
- a aplicabilidade dos princípios básicos do GATT/OMC e dos acordos internacionais sobre propriedade industrial;
- o nível mínimo de proteção à propriedade industrial, abrangendo patentes, marcas, desenhos industriais e indicações de origem, entre outros;
- medidas para conferir efetividade às disposições;
- mecanismo de solução de controvérsias; e,
- regras transitórias com relação à implementação do acordo.

Tal acordo visa, através da harmonização das legislações dos diversos países, a instituir um regime de propriedade industrial equivalente ao que hoje existe nos países de tecnologia avançada[185]. Cumpre ressaltar que o diploma reforçou a sistemática de proteção ao *know-how*[186]:

"Section 7: Protection of undisclosed information

Article 39
1. In the course of ensuring effective protection against unfair competition as provided in Article 10 *bis* of the Paris Convention (1967), Members shall protect undisclosed information in accordance with paragraph 2 and data submitted to governments or

---

[184] Cf. o embaixador Luiz Felipe Palmeira LAMPREIA, "O Brasil e a nova organização internacional do comércio: resultados da Rodada Uruguai", São Paulo, texto apresentado em conferência no Instituto de Estudos Avançados da USP, s.e., 25/05/1994, p. 2. Ver, também, John KRAUS, "Les négociations du Gatt: comprendre les résultats de l'Uruguay Round", *cit.*, pp. 59-60.

[185] Cf. Rajan DHANJEE e Laurence Boisson de CHAZOURNES, "Trade related aspects of intellectual property rights (TRIPS): objectives, approaches and basic principles of the GATT and intellectual property conventions", in *Journal of World Trade*, vol. 24, n. 5, 1990, p. 14.

[186] Cf. GENERAL AGREEMENT ON TARIFFS AND TRADE, "The results of the Uruguay Round of multilateral trade negotiations", Genebra, GATT, 1994, anexo 1c, p. 385.

governamental agencies in accordance with paragraph 3.

2. Natural and legal persons shall have the possibility of preventing information lawfully within their control from being disclosed to, acquired by, or used by others without their consent in a manner contrary to honest commercial practices so long as such information:

(a) is secret in the sense that it is not, as a body or in the precise configuration and assembly of its components, generally known among or readily accessible to persons within the circles that normally deal with the kind of information in question;

(b) has commercial value because it is secret; and

(c) has been subject to reasonable steps under the circumstances, by the person lawfully in control of the information, to keep it secret."

A definição do álcance deste dispositivo, porém, compete a cada Estado. Nesse sentido, o próprio acordo, em seu artigo 40[187], institui uma "válvula de escape" pela qual os Estados poderão limitar tal proteção, caso julguem que determinado aspecto é, em seu território, prejudicial para a concorrência, por impedir o livre comércio e a transferência e disseminação da tecnologia.

A par da atuação da comunidade internacional no sentido do incremento da legislação sobre a propriedade industrial, cumpre analisar a intervenção, no fluxo internacional de tecnologia, pelos mecanismos de integração regional (união econômica, mercado comum, união aduaneira e zona livre de comércio).

Justifica-se essa atuação na medida em que tais mecanismos perseguem a implementação da livre circulação de fatores da produção dentro do próprio território, assegurando a livre concorrência. A harmonização

---

[187] Cf. GENERAL AGREEMENT ON TARIFFS AND TRADE, "The results of the Uruguay Round of multilateral trade negotiations", *cit.*, p. 386.

das regras sobre propriedade industrial, então, é crucial para instituir um padrão único e adequado de proteção à propriedade industrial.

No âmbito do MERCOSUL, a temática da harmonização das legislações sobre propriedade industrial está, a nosso ver, abrangida pelo artigo 1º do Tratado de Assunção:

> "*Artigo 1º - Os Estados Partes decidem constituir um Mercado Comum*, que deverá estar estabelecido a 31 de dezembro de 1994, e que se denominará 'Mercado Comum do Sul' (MERCOSUL).
> *Este mercado comum implica:*
> *- A livre circulação de bens, serviços e fatores produtivos entre os países*, através, entre outros, da eliminação dos direitos alfandegários e restrições não-tarifárias à circulação de mercadorias e de qualquer outra medida de efeito equivalente;
> - O estabelecimento de uma tarifa externa comum e a adoção de uma política comercial comum em relação a terceiros Estados ou agrupamentos de Estados e a coordenação de posições em foros econômico-comerciais regionais e internacionais;
> - A coordenação de políticas macroeconômicas e setoriais entre os Estados Partes - de comércio exterior, agrícola, industrial, fiscal, monetária, cambial e de capitais, de serviços, alfandegárias, de transportes e comunicações e outras que se acordem -, a fim de assegurar condições adequadas de concorrência entre os Estados Partes, e *o compromisso dos Estados Partes de harmonizar suas legislações, nas áreas pertinentes, para lograr o fortalecimento do processo de integração.*" (grifos nossos)

Contudo, os termos do dispositivo acima descrito têm caráter programático, por fixarem o compromisso dos Estados em harmonizar suas legislações ao longo do processo de integração. Dessa forma, o tratamento da matéria, até o momento, tem caráter apenas incipiente, uma vez que assuntos mais prementes, como aqueles de natureza tributária e judiciária, vêm despertando maior atenção dos agentes integracionistas. Não fica, então, excluída a hipótese de que ocorram graves distorções, no tocante à livre concorrência, dentro do território do MERCOSUL[188].

No âmbito do NAFTA (Tratado de livre comércio da América do Norte), a propriedade industrial foi amplamente regulada em seu documento de constituição. As disposições desse diploma reforçam a proteção anteriormente estatuída pelos países participantes[189] e buscam a harmonização das diferentes legislações nacionais, com vistas a estabelecer regime único de resguardo da propriedade industrial, como assevera Milgrim[190]:

"At the outset, we observe that the sweeping intellectual property provisions of NAFTA, represent a patchwork quilt of compromises. These provisions, intended to bolster and harmonize the domestic intellectual property laws of the three contracting countries (the "Parties"), tread softly in certain areas that one or another party has traditionally been reluctant to change. NAFTA thus does little to encourage the U.S. to implement more vigorous 'moral rights' laws and does not eliminate certain copyright formalities that remain under U.S. laws to deprive U.S. and foreign authors alike of the full measure of court awardable remedies".

As referidas disposições abrangem tanto o domínio da propriedade industrial, como o setor dos direitos autorais (*copyrights*). É importante notar que o acordo,

---

[188] Sobre o assunto, escrevemos "A implementação do Mercosul e a propriedade industrial", in *Mercosul: a estratégia legal dos negócios*, São Paulo, Maltese, 1994, pp. 109-122.

[189] Canadá, Estados Unidos e México.

[190] Cf. Roger M. MILGRIM, "Milgrim on licensing", *cit.*, cap. 6 A, p. 2.

em termos semelhantes aqueles previstos pelo TRIPS, reforçou a proteção legal do *know-how*, em seu artigo 1711, que trancrevemos parcialmente:

"1. Cada una de las Partes proverá a cualquier persona los medios legales para impedir que los secretos industriales se revelen, adquieran o usen por otras personas sin el consentiemiento de la persona que legalmente tenga bajo control la información, de manera contraria a las prácticas leales del comercio, en la medida en que:
(a) la información sea secreta, en el sentido de que, como conjunto o en la configuración y composición precisas de sus elementos, no sea conocida en general ni fácilmente accesible a las personas integrantes de los círculos que normalmente manejan el tipo de información de que se trate;
(b) la información tenga un valor comercial efectivo o potencial por ser secreta; y
(c) en las circunstancias dadas, la persona que legalmente tenga bajo control haya adoptado medidas razonables para mantenerla secreta."

No âmbito da União Européia (UE), a temática tem sido objeto de extensa regulamentação, como ressalta Trevor Black[191]:

"The Community attempts to create a legal regime where holders of intellectual property rights can ascertain with clarity and certainty the range, extent, and general enforceability of their intellectual property rights within the Community. The aim is to harmonise those laws of the individual nation states where they have delegated competence to the appropriate Community organs."

---

[191] Cf. Trevor BLACK, "Intellectual property in industry", Londres, Butterworths, 1989, p. 169.

Os artigos 30 a 36, 85 e 86 do Tratado de Roma fundam os alicerces do direito comunitário aplicável à propriedade industrial e aos contratos de transferência de tecnologia. Assim, os artigo 30 a 35 tratam da eliminação das restrições quantitativas, ou medidas de efeito equivalente, entre os Estados-Membros. O artigo 36, por sua vez, caracteriza os casos excepcionais, em que são admitidas as restrições quantitativas, como razões de ordem pública, proteção ao patrimônio cultural, preservação de plantas e *proteção à propriedade industrial*. No entanto, a proteção à propriedade industrial deve estar em consonância aos princípios da livre concorrência e da livre circulação de mercadorias no território comunitário[192], como dispõe o final do referido artigo 36:

"Todavia, tais proibições ou restrições não devem constituir nem um meio de discriminação arbitrária, nem qualquer restrição dissimulada ao comércio entre os Estados-Membros."

O artigo 85, que visa a proteger a livre concorrência dentro do território da UE, fundamentou a regulamentação dos contratos de licença de patentes e de transferência de *know-how* pela Comissão a fim de estabelecer uma isenção categorial aos acordos que, eventualmente, restrinjam a concorrência. Assim, a Comissão divulgou, inicialmente, as Resoluções n. 2349/84, sobre patentes, e a n. 556/89, envolvendo *know-how* e contratos mistos de patentes e *know-how*[193]. A partir de abril de 1996, e por um período de 10 anos, passou a vigorar a Resolução CE

---

[192] *Id.*, p. 170.

[193] Sobre o assunto, ver a obra de Valentine KORAH, "Patent licensing and EEC competition rules: regulation 2349/84", Oxford, ESC, 1985; Sebastiano GUTTUSO e Aurelio PAPPALARDO, "La disciplina comunitaria delle licenze di know-how", Milão, FrancoAngeli, 1991; Jorge de Jesus FERREIRA ALVES, "Direito da concorrência nas comunidades européias", 2a edição, Coimbra, Coimbra, 1992, pp. 118-121 ; e Patrick THIEFFRY, "Antitrust considerations: the typical case of the european market", in *Counseling emerging companies in going international*, s.l., American Bar Association, 1994, pp. 189-206.

nº 240/96, aplicável a todos os contratos de transferência de tecnologia[194]. Tais disposições regulam o conteúdo dos contratos, definindo o quadro no qual tais operações podem ser contratadas. A estrutura da Resolução classifica as obrigações contratuais, que normalmente constam nesses contratos, sob os seguintes critérios: considera algumas expressamente vedadas (cláusulas pretas), como as de fixação de preço do produto ou da quantidade a ser fabricada pelo transferente; e outras permitidas (cláusulas brancas), como as de fixação de remuneração mínima, determinação de padrão mínimo de qualidade, certas restrições territoriais e exclusividade.

Qualquer concertação fora do estabelecido na Resolução é considerada nula de pleno direito[195], se não for objeto de uma autorização expressa das autoridades comunitárias (isenção individual).

---

[194] Ver Chris MITROPOULOS, "Technology transfer : the new regulation", in *Competition policy newsletter*, 1996, n.1, vol. 2, pp. 10-13.

[195] Cf. artigo 85, 2, do Tratado de Roma.

Parte II

O contrato

Superada a análise da fase pré-contratual, cumpre examinar as principais cláusulas do contrato internacional de transferência de tecnologia, objeto deste estudo. No intuito de sistematizá-las, entendemos por bem não utilizar a classificação tradicional das disposições contratuais (cláusulas essenciais, naturais e acidentais). Isso, porque a única cláusula essencial, nessa classificação, consiste na obrigação, do titular dos direitos sobre a tecnologia, de os transferir, provisória ou definitivamente, para o receptor (objeto do contrato). Mesmo a contraprestação principal (remuneração) é facultativa, embora usual[1]. Como, na prática internacional, o contrato sob exame é geralmente complexo, por envolver diversos direitos e obrigações para ambas as partes[2], o uso desse critério levaria a enquadrar todas as demais disposições como naturais. Não haveria sequer cláusulas acidentais, que, por sua particularidade[3], não se incluem no âmbito do estudo das cláusulas mais usuais

---

[1] Cf. CABANELLAS que, por sua vez, arrola diversos autores como P. C. BREUER MORENO, J.J. BURST e F. MAGNIN. Ver Guillermo CABANEL-LAS, "Contrato de licencia y de transferencia de tecnologia en el derecho privado", Buenos Aires, Heliasta, 1980, pp. 17-18 e 31.

[2] Cf. J. M. Antunes VARELA, "Direito da obrigações: conceito, estrutura e função da relação obrigacional, fontes das obrigações, modalidades das obrigações", *cit.*, p. 59.

[3] Ver Orlando GOMES, "Contratos", 2a edição, Rio de Janeiro, Forense, 1966, p. 20.

do contrato analisado. De pouca utilidade, então, seria a classificação tradicional para a elaboração deste estudo.

Em vista disso, propomos critério classificatório específico, mas eficaz para atender às finalidades do presente estudo. Baseamo-nos, para tanto, na questão central do contrato, a tecnologia, estabelecendo as respectivas categorias a partir dela.

Assim, as cláusulas diretamente relacionadas com *a transferência e exploração da tecnologia* pelo receptor constituem a primeira categoria, a que designamos *cláusulas centrais;* as principais são: objeto, definição da tecnologia, garantias de resultado, melhoramentos, território, sublicenciamento, assistência técnica e exploração mínima. Aquelas cláusulas *características dos acordos de transferência de tecnologia, que, porém, não estão especificamente relacionadas com ela* , isto é, com sua transferência e exploração , são abrangidas pela segunda categoria, por nós denominadas como *cláusulas complementares*: exclusividade, remuneração, confidencialidade, licença mais favorecida. Por fim, referem-se as *cláusulas usuais aos contratos internacionais,* que estão inclusas na terceira categoria. São exemplos de *cláusulas usuais*: hardship, força maior, validade, termo inicial, duração, renovação, arbitragem, foro, lei aplicável. Graficamente, essa classificação apresenta a seguinte conformação:

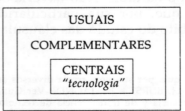

Não há, evidentemente, uma ordem hierárquica entre as três categorias apontadas, nem entre as cláusulas de uma única categoria. Em cada caso específico, uma ou outra questão podem ter maior relevância.

Considerando o escopo do estudo ora desenvolvido, tal como descrito na introdução, trataremos, no primeiro capítulo, das cláusulas centrais. No segundo capítulo, serão abordadas as cláusulas complementares e, dentre as cláusulas usuais, apenas as que apresentem características singulares no contrato sob estudo.

Capítulo 1
CLÁUSULAS CENTRAIS

Em consonância com o critério taxionômico acima descrito, efetuamos a subdivisão das cláusulas centrais do contrato internacional de transferência de tecnologia em duas subcategorias: as cláusulas especificamente relacionadas com a *transferência*, propriamente dita, de tecnologia, do transferente para o receptor; e aquelas relativas à sua *exploração* pelo receptor. Nossa análise se deterá, em princípio, nas principais disposições ligadas à transferência e, após, naquelas concernentes à exploração.

Seção 1
Relacionadas com a Transferência
da Tecnologia

A - Objeto

Impõe-se como a primeira disposição a ser analisada aquela que diz respeito ao *objeto do contrato*. Genericamente, tem-se que, pelo referido contrato, uma da partes se compromete a transferir, provisória ou definitivamente, os direitos sobre determinada tecnologia, composta por conhecimentos protegidos por patente e *know*-how, à outra parte. Embora o contrato possa ser gratuito, a prática internacional usualmente estabelece uma contrapartida pela transferência de tecnologia: o pagamento de remuneração. Consiste, portanto, na maioria das situações, em um contrato oneroso[4]. O objeto do contrato apresenta duas variações básicas, dependendo do caráter, definitivo ou transitório, que assume o direito do receptor de explorar a tecnologia transferida. Assim, pode a transmissão dos direitos do detentor sobre a tecnologia (patentes e *know-how*) ser efetuada de forma *definitiva*. Há, neste caso, alienação (cessão) dos direitos do transferente de explorar as patentes e a transmissão definitiva do *know-how* para o receptor[5]. É importante notar que, para a configuração desta hipótese, não se admitem quaisquer restrições relativamente à duração do direito do receptor (cessionário) para explorar a tecnologia ou, como esclarece Paul Demin ao tratar do *know-how*[6], no tocante à possibilidade de o receptor transmiti-la a outrem. A cláusula abaixo reflete essa modalidade[7]:

> "Subject to all the terms and conditions of this Agreement, 'A' hereby conveys, assigns and transfers to 'B' its entire rights, title and interest in and to the patents and know-how to make, have made, use and sell the Product in the Territory, against payment of the royalties pursuant to clause X."

---

[4] Ver Cláudia Lima MARQUES, "Transferencia de tecnología", in *Mercosur - perspectiva desde el derecho privado*, Buenos Aires, Editorial Universidad, 1993, p. 176.

[5] Tratando da transmissão definitiva do *know-how*, ver Paul DEMIN, "Le contrat de know-how", Bruxelas, Émile Bruylant, 1968, pp. 22-23; e Luiz Alfredo R. da S. PAULIN, "Contribuição aos estudos do contrato internacional de *know-how*", *cit.*, pp. 92-94. Sobre cessão dos direitos sobre patentes ver Guillermo CABANELLAS, "Contrato de licencia y de transferencia de tecnologia en el derecho privado", *cit.*, pp. 21-22.

[6] V. Paul DEMIN, "Le contrat de know-how", *cit.* p. 23.

[7] Cf. minuta de contrato utilizado em um caso concreto, obtida junto a escritório de advocacia especializado.

A forma com que se apresenta tal cessão é parcial ou total, como esclarece Carvalho de Mendonça[8]:

"A cessão do privilégio ou da patente de invenção é total, se o titular transfere ao cessionário todos os seus direitos, sem ressalva; ou parcial, se transfere parte dos seus direitos e reserva outros para si. Exemplos da cessão parcial: a cessão dos direitos para certos Estados da República ou zonas do seu território, a cessão para fabricar tal peça da máquina, a cessão do direito exclusivo de fabricar o produto reservando o titular para si o de vendê-lo."

Por outro lado, o objeto do contrato pode determinar um período durante o qual o receptor da tecnologia pode explorá-la. Cumprido o termo final, obriga-se ele a sustar a utilização da tecnologia transferida. Nesse caso, fica configurado um contrato de *licença de uso da tecnologia*[9], como ilustramos a seguir[10]:

"Supplier has developed the Product defined below and is the owner of various patents, know-how, and other intellectual property rights relating thereto. Licensee conducts, or will conduct, business within the Field and desires to obtain rights to manufacture, market and distribute the Product for a ten (10) years term. Accordingly, in consideration of the mutual promises contained herein, the parties agree to the terms and conditions set forth in this Agreement.

..."

---

[8] Cf. J. X. CARVALHO DE MENDONÇA, "Tratado de direito comercial brasileiro", 6a edição, Rio de Janeiro, Freitas Bastos, v. 5, 1959, p. 162.

[9] V. Luis Alfredo R. da S. PAULIN, "Contribuição aos estudos do contrato internacional de *know-how*", cit., pp. 95-97; Newton SILVEIRA, "Contratos de transferência de tecnologia", cit., p. 91.

[10] Cf. Howard G. ZAHAROFF, "International licensing agreements", in *International Business Transactions*, Boston, Kluwer, 1992, capítulo 16, p. b-7 e b-15.

Upon expiration or termination of this Agreement for any reason, the licenses and appointment set forth in Section 3 above shall terminate."

Muito se discute, no âmbito doutrinário, acerca da natureza jurídica dos contratos de transferência de tecnologia. No tocante aos negócios que envolvem exclusivamente conhecimentos protegidos por patente, a questão é relativamente consensual. A transferência provisória dos direitos sobre a exploração de patentes em determinado território (licença) abrange uma obrigação de não fazer turbar a exploração da patente pelo licenciado e uma de fazer, qual seja, garantir o uso pacífico da mesma pelo licenciado[11]. Comporta-se, portanto, de forma similar ao contrato de locação de bem imaterial. Por sua vez, a transferência definitiva dos direitos sobre a patente (cessão) consiste na obrigação de dar, assemelhando-se ao contrato de compra e venda.

Há, contudo, certa polêmica relativamente à transferência de *know-how*. Diversas teorias foram apresentadas, equiparando-o aos contratos de sociedade, de locação de serviços, de usufruto, de compra e venda, e de locação de bem imaterial[12]. A discussão, a nosso ver, tem raiz no dissenso que cerca a natureza jurídica da relação entre transferente e *know-how*[13] (propriedade,

---

[11] Cf. Guillermo CABANELLAS, "Contrato de licencia y de transferencia de tecnologia en el derecho privado", *cit.*, p. 19.

[12] Sobre o assunto, ver sinopses elaboradas por Herbert STUMPF, "El contrato de know how", *cit.*, pp. 31-37; Alexandre KREIS, "La transmissión de know-how entre entreprises industrielles", *cit.*, pp. 212-214; Guillermo CABANELLAS, "Contrato de licencia y de transferencia de tecnologia en el derecho privado", *cit.*, pp. 34-46; e Stephen P. LADAS, "The international protection of know-how", in *Patents, trademarks, and related rights: national and international protection*, Cambridge, Harvard Unversity Press, vol. 3, 1975, pp. 1631-1636.

[13] V. Jose Antonio GOMEZ SEGADE, "El secreto industrial (*know-how*): concepto y proteción", Madrid, Tecnos, 1974, pp. 137-158; Carlos M. CORREA, "Legal nature and contratual conditions in know-how transactions", *cit.*, pp. 465-470; Placido SCAGLIONE e Stefano SANDRI, "Licensing: aspetti tecnico-giuridici, scelte di impresa, guida alla negoziazione e redazione degli accordi", *cit.*, pp. 61-62; Luiz Alfredo R. da S. PAULIN, "Contribuição

quase-propriedade ou monopólio de fato), e, também , na divergência sobre a natureza da obrigação de transmitir o *know-how*[14]: obrigação de dar[15] ou obrigação de fazer[16]. Há autores, como o italiano Aldo Frignani[17], que entendem seja a natureza da referida obrigação tanto pode ser de dar como de fazer, dependendo daquilo que se dispuser o objeto do contrato: se o *know-how* estiver incorporado a um suporte físico, trata-se da obrigação de dar; caso contrário, da obrigação de fazer.

Como, na maioria dos ordenamentos jurídicos, não se consolida um corpo normativo específico para regular o contrato[18] e como a prática contratual consagra grande diversidade de formas, há, em nosso entender, certa dificuldade da doutrina para identificar o mesmo objeto de análise. Por conseguinte, cria-se um sério obstáculo para a resolução das questões acima expostas, que não serão objeto de aprofundamento neste estudo.

B - Definição da Tecnologia

As cláusulas que implicam a *definição da tecnologia* a ser transferida visam a caracterizar com precisão o bem envolvido no negócio jurídico. Utilizam-se, normalmente, as designadas "definições contratuais de base", que

---

aos estudos do contrato internacional de *know-how*", *cit.*, pp. 69-73; Paul DEMIN, "Le contrat de know-how", *cit.*, pp. 19-21; e Jean-Marie DELEUZE, "Le contrat de transfert de processus technologique: know-how", *cit.*, pp. 20-30.

[14] Cf. Carlos M. CORREA, "Legal nature and contratual conditions in know-how transactions", *cit.*, p. 471.

[15] V. Paul DEMIN, "Le contrat de know-how", *cit.*, p. 20.

[16] V. Herbert STUMPF, "El contrato de know how", *cit.*, p. 30; Carlos M. CORREA, "Legal nature and contratual conditions in know-how transactions", *cit.*, p. 472; e Joanna SCHMIDT, "Garanties de résultalt et contrat de communication de savoir-faire", in *Garantie de résultat et transfert de techniques*, Montpellier, Libraires Techniques, 1979, p. 106.

[17] Cf. Aldo FRIGNANI, "Factoring, leasing, franchising, venture capital, leveraged buy-out, hardship clause, countertrade, cash and carry, merchandising, know-how", 5a edição, Torino, G. Giappichelli, 1993, pp. 508-509.

[18] Caracterizando-se, portanto, como um contrato inominado.

descrevem e caracterizam as peculiaridades técnicas e econômicas da tecnologia, as patentes que a integram e os suportes físicos que contêm o *know-how*.

Basicamente, tais cláusulas comportam duas variáveis, dependendo do negócio formulado[19]. Na primeira hipótese, o contrato dispõe sobre a transferência de tecnologia aplicada a produtos ou processos específicos que já estão identificados. Nesse caso, os contratos usualmente enumeram as patentes e os demais documentos e suportes físicos a serem entregues ao receptor, como demonstra o exemplo[20]:

I - DEFINITIONS
1.1 The expressions hereinafter defined, whenever mentioned in this agreement shall henceforth have the meaning given to them in this clause:
"PROCESSES" means the systems, instructions, production methods, quality control and other means deemed necessary and currently employed by *A* for using and/or making the "PRODUCTS" and all the "TECHNICAL KNOWLEDGE", either immaterial or about hardware, used in connection therewith, as described in ANNEX I hereto;
"PRODUCTS" means the materials mentioned in ANNEX II hereto, designed and/or made by *A*.
"PATENTS" means *As* inventions for use in civil construction, mentioned in ANNEX III hereto, which is the object of patents and utility models for in Brazil, all of which are known to the *B*;
"TECHNICAL KNOWLEDGE" means, in respect of the "PRODUCTS" and the "PROCESSES", the knowledge, technical information, documents, used or to be used in the design, construction and use of the "PRODUCTS", as exclusively described in ANNEX IV hereto.

Os suportes físicos que contêm o *know*-how, por sua vez, apresentam grande diversidade de conformação, abrangendo disquetes, manuais, planilhas ou vídeos, e, por tal razão, em geral compõem os anexos dos contra-

---

[19] V. Jean-Marie DELEUZE, "Le contrat de transfert de processus technologique: know-how", *cit.*, p. 42-43.

[20] Cf. minuta de contrato utilizado em um caso concreto, obtida junto a escritório de advocacia especializado.

tos. Veja-se o exemplo de um caso concreto referido por Deleuze[21]:

Process design
- basic flowsheets
- process calculation
- mass balance
- heat balance
- effluent balance
- material balance

Detailed chemical engineering
- equipment data
- detailed flow diagrams
- instrumentation and control data
- specification of materials of construction

Detailed mechanical engineering design
- equipment sketches or drawings
- equipment specifications
- layout
- models
- line diagrams (piping, instrument, mechanichal)
- structural steelwork
- engineering standarts
- purchase requisitions

Preparation for starting up
- operating manuals
- maintenance manuals
- process materials
- mechanical testing

Starting up aspects
- tests
- services

Outra variável comumente encontrada consiste na definição da tecnologia aplicada a determinada atividade ou domínio técnico, incluindo produtos existentes e a

---

[21] Cf. Jean-Marie DELEUZE, "Le contrat de transfert de processus technologique: Know-how", cit., pp. 124-125.

serem criados pelo transferente. Nesta hipótese, as cláusulas sobre a definição da tecnologia têm conteúdo mais amplo e explícito. Sobretudo nestes casos, a elaboração dessas cláusulas requer muita precisão, para que se evite o risco de não ser possível a determinação da tecnologia, a qual, se ocorrer, pode ter como conseqüência a nulidade do contrato[22]. O exemplo a seguir ilustra essa hipótese[23]:

Article I: Definitions

Section 1.2. "Patents". All Licensor's U.S. and other patents now or, during the terms of this Agreement, hereafter issued in the Territory relating to the Products and to any apparatus or process useful for the manufacture of any or all the Products.
Section 1.3. "Products". Printed circuits on flexible or rigid plastic substrates and covered with a protective coating, as well as such other products as may, from time to time, be added to this definition by the parties' mutual consent.
Section 1.4. "Technology". Licensor's unpatented technical information now existing relating to, and embodying Licensor's experience in, Licensor's manufacture, processing and quality control, and otherwise dealing with, the Products. The Technology shall include the technical information in all current and future patent applications, manuals, formulae, specifications, test data and procedures, flow charts, apparatus plans, drawings, designs and other information actually communicated by Licensor to Licensee during the term of this Agreement whether contained in result of Licensor's imparting the same directly or giving to Licensee acess to any of Licensor's plants at which the technology is practiced.

Por fim, em razão da confidencialidade sobre o conteúdo da tecnologia, que permeia toda a fase negocial, e da formulação genérica efetuada no contrato[24], é

---

[22] Cf. Guillermo CABANELLAS, "Contrato de licencia y de transferencia de tecnologia en el derecho privado", *cit.*, pp. 94-98. V., também, Jean Marc MOUSSERON, "Technique contratuelle", *cit.*, pp. 190-191; e Humberto THEODORO JR, "O contrato e seus princípios", *cit.*, p. 97.

[23] Cf. Roger M. MILGRIM, "Milgrim on licensing", *cit.*, vol. 2, cap. VA, pp 3-4.

[24] Ver Vincenzo di CATALDO, "La pratica contrattuale in materia di trasferimenti internazionali di tecnologie", in *Il contratto*, Castesano, CEDAM, vol. 2, 1992, p. 89.

comum que os contratos incluam disposições específicas sobre a responsabilidade do transferente no sentido de que ele assegure:

a) que é titular dos direitos sobre as patentes e que estas se encontram regularmente registradas e em vigor[25]; e, ainda, que é também titular dos direitos sobre o *know-how*;

b) que desconhece a atuação de terceiros, que pleiteam a titularidade da tecnologia, e que esta, por qualquer razão, infringe outra patente em vigor.

Apresentamos os seguintes exemplos, que ilustram as duas perspectivas acima descritas[26]:

> The Licensor represents and warrants that it owns the Licensed Patent which is valid and enforceable in .... and the Licensed Know-How.

> The Licensor represents and warrants that it is unaware of any patent claim by any third party upon the basis of which the Licensor has any reason to believe that Licensee's practice of the Licensed Technology will infringe any valid ... patent.

C - Melhoramentos Tecnológicos

As cláusulas relacionadas com os *melhoramentos tecnológicos* instituem ora para o transferente, ora para o receptor, ora a ambos, a obrigação de repassar os aperfeiçoamentos introduzidos na tecnologia no decurso da vigência do contrato ou apenas durante determinado prazo. Tais disposições não obrigam a parte vinculada a realizar esforços (pesquisa) para desenvolver melhoramentos na tecnologia, mas apenas impõem a obrigação de sua transferência, caso tais aperfeiçoamentos sejam alcançados.

---

[25] Ver Barthélémy MERCADAL e Philippe JANIN, "Les contrats de coopération inter-entreprises", *cit.*, p. 254.

[26] A primeira cláusula foi extraída de uma minuta de contrato utilizado em um caso concreto, obtida junto a escritório de advocacia especializado. A segunda foi apresentada por Roger M. MILGRIM, "Milgrim on licensing", *cit.*, cap. 23, p. 29.

Tanto o transferente como o receptor podem obter melhorias na tecnologia, pois, após a celebração do contrato, geralmente ambos passam a explorá-la[27], ainda que em territórios diferentes. O puro e simples exercício dos processos tecnológicos, por si só, já propicia a realização de adaptações e ajustes que, no curso do tempo, podem resultar em melhoria de desempenho e qualidade. É comum, também, que uma ou ambas as partes mantenham laboratórios próprios de pesquisas para desenvolvimento da tecnologia, ou possuam vínculos com eles[28]. Assim sendo, pode a obrigação ser atribuída a uma ou a ambas as partes (transferente e receptor), variando a cláusula conforme as peculiaridades do caso concreto.

O exemplo abaixo ilustra a obrigação de transferência dos melhoramentos alcançados durante um período determinado, estendendo a obrigação a ambas as partes[29]:

Art. ...- IMPROVEMENTS AND CONTINUING KNOW-HOW
... 1 LICENSOR shall suplly LICENSEE with any IMPROVEMENTS it will acquire on or before the expiration of the term of ..... years form the EFFECTIVE DATE (IMPROVEMENTS EXCHANGE PERIOD). LICENSOR hereby extends the scope of the license and non assertation clause under ...... above to the IMPROVEMENTS.
... 2 LICENSEE shall suplly to LICENSOR, without payment, any information relating to the IMPROVEMENTS under its control that will acquire on or after the EFFECTIVE DATE and until termination of the IMPROVEMENT EXCHANGE PERIOD.

Outro ponto em geral regulado pelas partes consiste nas conseqüências que resultam quando uma delas obtém melhoramentos que sejam suscetíveis de proteção

---

[27] São poucos os casos em que fica estabelecido que o transferente não poderá mais explorá-la.

[28] Em transferências com empresas localizadas nos países "pobres" é mais freqüente o transferente manter mecanismos de pesquisa. Vide Parte I, Capítulo 1, seção 1, deste estudo.

[29] V. Placido SCAGLIONE e Stefano SANDRI, "Licensing: aspetti tecnico-giuridici, scelte di impresa, guida alla negoziazione e redazione degli accordi", *cit.*, pp. 167-168.

por patente. É comum convencionar-se que, caso a parte que efetuou tal melhoramento decida pleitear a proteção patentária no território em que a outra parte explora a referida tecnologia, esta última terá direito a usufruir da implementação do melhoramento. Regulamentam-se, também, as condições em que será exercido esse direito, principalmente no tocante à exclusividade e à onerosidade. O exemplo a seguir, formulado pela UNIDO, consubstancia a hipótese do direito gratuito à exploração do melhoramento, porém não-exclusivo[30]:

(d) If the improvements transferred to the licensee are patentable and licensor acquires patent rights thereon in (country of licensee), the licensee shall be entitled to use such patent rights without making additional payments;

Dada a inexistência de disposição legal específica, os contratos geralmente estipulam a forma como será realizada a referida transferência dos melhoramentos. Não há fórmula predeterminada sobre como e em que tempo os melhoramentos serão repassados, variando o teor das cláusulas, praticamente, em cada caso específico. A título ilustrativo, apresentamos duas hipóteses: a primeira dispõe que os melhoramentos devem ser trocados imediatamente após sua obtenção; e a segunda estatui a realização de encontros anuais entre os técnicos de ambas as partes[31]:

The Grantor agrees that it will promptly notify or, and communicate to .... full information in writting covering any improvements, developments inventions, changes or innovations in the process or of any size or type thereof, otherwise acquired.

ou[32],

---

[30] Cf. UNITED NATIONS INDUSTRIAL DEVELOPMENT ORGANIZATION (UNIDO), "Guide to guarantee and warranty provisions in transfer-of-technology transactions", *cit.*, p. 89.

[31] A primeira consta da obra de Jean-Marie DELEUZE, "Le contrat de transfert de processus technologique: know-how", *cit.*, p. 156.

[32] V. Placido SCAGLIONE e Stefano SANDRI, "Licensing: aspetti tecnico-giuridici, scelte di impresa, guida alla negoziazione e redazione degli accordi", *cit.*, pp. 167-168.

... 3 During the IMPROVEMENT EXCHANGE PERIOD the PARTIES shall endeavour to hold at least an annual meeting of their scientists and technical personnel for the purpose of exchanging IMPROVE-MENTS and information on their ongoing R & D programs in the PRODUCTS and KNOW-HOW field.

A transferência dos melhoramentos não tem implicação necessária sobre a modificação no valor da remuneração[33]. A prática consagra tanto a transferência de melhoramentos a título gratuito como oneroso. O mesmo, porém, não se dá com as modificações "radicais" da tecnologia ou com as novas tecnologias que venham a ser desenvolvidas pelas partes[34], as quais, em geral, sequer são objeto da obrigação de transferência. Há casos em que se estabelece que o receptor tem direito de preferência para a obtenção da tecnologia. Todavia, essa sistemática pode, em caso concreto, acarretar grande dificuldade no que respeita à identificação e à distinção entre o que seja "simples melhoramento", o que constitua "modificação radical", asim como o que os separa de uma "nova tecnologia". Ilustrando essa hipótese, apresentamos o seguinte exemplo de cláusula contratual[35]:

If Supplier creates a New Development, it will not offer to sell or license the New Development to any third party in the Territory, unless Supplier shall have first offered to sell or license the New Development to Licensee. If Supplier's offer consists of a license with respect to such New Development, the license shall be on an exclusive basis in the Territory, subject to negotiated provisions regarding termination and loss of exclusivity.
Once Supplier has offered to sell or license the New Development to Licensee, Licensee shall have 14 calendar days to accept or reject the offer. If Licensee has not accepted the offer in writing within that

---

[33] Cf. Paul DEMIN, "Le contrat de know-how", *cit.*, p. 28.

[34] Cf. NAÇÕES UNIDAS, "Guide sur la rédaction de contrats portant sur le transfert international de know-how (savoir-faire) dans l'industrie mécanique", *cit.*, p. 23.

[35] Cf. Howard G. ZAHAROFF, "International licensing agreements", *cit.*, p. b-9. V. também, exemplos formulados por Henry LESGUILLONS, "Contrats internationaux", Paris, Lamy, vol. 5, 1987, cap. 7, p. 433.

period, the offer shall be deemed to have been rejected as of the expiration of the period.

If Licensee rejects Supplier's offer, Supplier may offer to sell or license the New Development to any third party without limitation. However, Supplier may not offer to grant a license to any third party on terms that are materially more favorable to the third party than the terms of the license offered to Licensee without first giving Licensee 14 calendar days to accept or reject an offer comparable to the one made to the third party.

D - *Garantias de Resultado*

A existência de uma ou mais patentes protegendo parte da tecnologia já corresponde, por si, a uma garantia técnica sobre a utilização de tais informações, como explica Gaudin, em matéria de direito francês[36]:

"le breveté est garant du caractère exploitable de l'invention, c'est-à-dire de l'existence d'un résultat industriel obtenu par la mise en oeuvre des moyens decrits dans le brevet, conformément à la loi du brevet. Si la mise en oeuvre des moyens décrits dans le brevet ne permet pas d'obtenir un résultat industriel, le brevet est nul et le contrat n'a pas d'objet."

Cabanellas condiciona tal conclusão à análise da respectiva legislação sobre a propriedade industrial, pois nem todos os ordenamentos impõem o requisito da utilidade para a obtenção da patente[37]. Todavia, o receptor tem, na fase negocial, oportunidade de avaliar o conteúdo das patentes, que são de conhecimento público. Se atua com diligência, o normal é que examine cuidadosamente as patentes, a fim de aferir sua utilidade e a adequação aos objetivos a que a tecnologia se propõe. Desse modo, salvo se a atuação dolosa do

---

[36] Cf. Jacques-Henri GAUDIN, "Stratégie et négotiation des transferts de techniques: accords de licence, d'assistence technique et de coopération industrielle", *cit.*, p. 75.

[37] Cf. Guillermo CABANELLAS, "Contrato de licencia y de transferencia de tecnologia en el derecho privado", *cit.*, p. 207.

transferente induzir o receptor em erro, entendemos que a existência de uma ou mais patentes, abrangendo parte da tecnologia a ser transferida, representa eficaz garantia sobre sua utilidade técnica.

Por outro lado, a patente não assegura, por si só, que venham a ser alcançados os resultados econômicos que o receptor almeja, como, por exemplo, a redução dos próprios custos industriais. Outrossim, em se tratando de contrato no qual se conjugam os conhecimentos protegidos por patente com o *know-how*, para formarem a tecnologia a ser transferida, a garantia técnica implícita na patente não é totalmente capaz de assegurar a consecução dos objetivos técnicos e resultados econômicos desejados pelo receptor com a exploração da tecnologia, vista como um todo. Deve-se, pois, identificar a extensão da obrigação que é assumida pelo transferente, ao garantir a consecução desses resultados, ou seja, impõe-se saber se ela se constitui como obrigação de meio ou de resultado.

Segundo Cristiano[38], obrigação de meio é aquela pela qual o devedor se obriga a "empenhar-se para a consecução de determinado resultado". Trata-se de uma obrigação de realizar os melhores esforços no sentido de satisfazer os interesses do credor, que assume o risco da obtenção do resultado objetivo desejado[39]. O devedor apenas poderá ser responsabilizado em caso de conduta pouco diligente ou desleal, incumbindo a prova ao credor[40].

Em sentido contrário, a obrigação de resultado, como explica Fontaine[41], vincula o devedor à consecução

---

[38] Cf. Romano CRISTIANO, "Obrigações de meios e obrigações de resultado", in *Revista dos Tribunais*, São Paulo, RT, n. 554, 1981, p. 29.

[39] Cf. Marcel FONTAINE, "Best efforts, reasonable care, due diligence et règles de l'art dans les contrats internationaux", in *Revue de droit des affaires internationales*, Paris, Feduci, n. 8, 1988, p. 1026.

[40] V. Fábio Konder COMPARATO, "Obrigações de meio, resultado e de garantia", in *Revista dos Tribunais*, São Paulo, RT, n. 386, 1968, p. 35.

[41] Cf. Marcel FONTAINE, "Best efforts, reasonable care, due diligence et règles de l'art dans les contrats internationaux", *cit.*, p. 1017.

de um resultado objetivo. Por conseguinte, a prestação apenas se considera adimplida quando o resultado se efetiva[42], salvo a ocorrência de motivos de força maior ou de insucesso por culpa do credor. O ônus da prova da ocorrência de tais hipóteses exonerativas recai, naturalmente, sobre o devedor da obrigação.

A ausência de disposições legais ou contratuais específicas instala divergências doutrinárias com relação à obrigação do transferente, no contrato de transferência de tecnologia sob estudo. Parte da doutrina[43] defende que o transferente se obriga apenas a transmitir todas as informações que compõem a tecnologia, empregando seu melhor empenho para que o receptor a absorva e venha a obter os resultados objetivos que espera (volume de produção, de qualidade ou menor custo, por exemplo). Contudo, o risco, caso se frustrem os esforços na obtenção de tais resultados, é atribuído exclusivamente ao receptor. Segundo essa concepção, a responsabilidade do transferente se limita, portanto, à integridade e idoneidade da tecnologia, às quais se acrescenta a conduta diligente, pautada pela cooperação com o receptor (obrigação de meio)[44].

Diversamente, outra corrente doutrinária[45] entende que tal obrigação é de resultado. Assim, o transferente está obrigado a produzir os resultados almejados pelo receptor, praticando todos os atos necessários.

---

[42] Cf. Fábio Konder COMPARATO, "Obrigações de meio, resultado e de garantia", *cit.*, p. 35.

[43]. GAUDIN afirma que tal entendimento é consensual entre os doutrinadores franceses. V. Jacques-Henri GAUDIN, "Guide pratique de l'ingenierie des licenses et des cooperations indutrielles", *cit.*, pp. 53-54. No mesmo sentido, v. Joanna SCHMIDT, "Garanties de résultalt et contrat de communication de savoir-faire", *cit.*, p. 109.

[44] Ver Barthélémy MERCADAL e Philippe JANIN, "Les contrats de coopération inter-entreprises", *cit.*, p. 277.

[45] V. Luiz Afredo R. da S. PAULIN, "Contribuição aos estudos do contrato internacional de *know-how*", *cit.*, pp. 194-198; e Antonio FOGLIO, "Il commercio estero delle tecnologie, dei progeti industriali e dei know-how", *cit.*, p. 175.

De qualquer sorte, visando evitar insegurança, relativamente a uma das principais obrigações contratuais, o normal é que as partes convencionem, no caso concreto, se a referida obrigação se constitui como de meio ou de resultado[46]. Deve-se notar que a legislação de determinados países é explícita ao fixar, de forma imperativa, a necessidade de o contrato prever que a responsabilidade do transferente se estenda até a obtenção dos resultados[47].

Assim, as cláusulas usualmente designadas como *garantias de resultado* fixam obrigações, ao transferente, de fazer com que o receptor alcance determinados objetivos mediante a exploração da tecnologia, atestando a sua transferência. Essas disposições são de extrema relevância para o receptor, pois o fato de atingir metas objetivamente estabelecidas constitui forma de constatar a adequada absorção da tecnologia e comprovar sua autonomia na gestão do processo tecnológico, ou seja, sua capacitação tecnológica[48]. Ao transferente, por sua

---

[46] V. Luiz Olavo BAPTISTA, "Negociação de contratos internacionais de cooperação", in *Cooperação internacional: estratégia e gestão*, São Paulo, Edusp, 1994, p. 571; Joanna SCHMIDT, "Garanties de résultalt et contrat de communication de savoir-faire", *cit.*, p. 109; UNITED NATIONS INDUSTRIAL DEVELOPMENT ORGANIZATION (UNIDO), "Guide to guarantee and warranty provisions in transfer-of-technology transactions", *cit.*, p. 11; e Jean Marc MOUSSERON, "Discussions sur les garanties de résultat et communication de know-how indépendamment de l'équipement", in *Garantie de résultat et transfert de techniques*, Montpellier, Libraires Techniques, 1979, pp. 131-132.

[47] Cite-se o exemplo brasileiro, quando da vigência do Ato Normativo do INPI n. 15/75: "4.5.1. O contrato deverá: e) prever adequadamente que o conteúdo da tecnologia a transferir será total, completo e suficiente para assegurar a obtenção das finalidades previstas e a autonomia indispensável para esses efeitos;". A legislação egípcia contém dispositivo análogo como explica EL-KALIOUBI: "Le fournisseur doit en outre garantir lexplotation de la technologie destinée à la réalisation dun résultat determiné davance dans les conditions spécifiques du contrat.". Cf. Samiha EL-KALIOUBI, "Transfert de technologie, presomption de responsabilité du fournisseur: lexperience egyptienne", in *Transfert de technologie: enjeux economique et structure juridiques*, Paris/Louvain-la-neuve, Economica/Cabay, 1983, p. 298.

[48] V. UNITED NATIONS INDUSTRIAL DEVELOPMENT ORGANIZATION (UNIDO), "Guide to guarantee and warranty provisions in transfer-of-technology transactions", *cit.*, p. 67; e Luiz Alfredo R. da S. PAULIN, "Contribuição aos estudos do contrato internacional de *know-how*", *cit.*, pp. 192-194.

vez, tais cláusulas interessam na medida em que delimitam sua responsabilidade na transferência da tecnologia e na atribuição, que tem, de realizar as modificações necessárias para que a tecnologia se adapte à estrutura industrial do receptor[49]; a isso se acrescentam todos os demais atos necessários para que se atinjam os resultados descritos no contrato.

As garantias em questão apresentam formas bastante diversificadas nos contratos, dependendo das peculiaridades assumidas pelo caso concreto. Gaudin[50], baseando-se no Projeto de Código de Conduta em Transferência de Tecnologia elaborado pela Unctad, relacionou as formas mais comuns, que visam a que fiquem asseguradas, pelo transferente as seguintes garantias:

a) que a tecnologia é adequada à fabricação dos produtos compreendidos pelo contrato;

b) que o conteúdo da tecnologia transferida é completo e exato;

c) que a tecnologia viabiliza alcançar o nível prefixado de produção, nas condições especificadas pelo acordo;

d) que o pessoal do receptor será devidamente treinado para conhecer e operar a tecnologia.

Os exemplos, abaixo, ilustram as formas de garantias previstas nos itens "a" e "b", acima[51]:

... "A" guarantees that the technical information and all documents required to be transmitted to "B" for manufacturing the PRODUCTS correspond to the technical level of its products, comply with the high level of its knowledge and represent the state of the art currently possessed by "A" at the time of the delivery.

---

[49] GILBERT sistematiza as adaptações na tecnologia decorrentes da sua transferência internacional, em quatro categorias: técnicas, econômicas, jurídicas ou culturais. V. Louis GILBERT, "Les problèmes techniques et commerciaux posés par la communication de know-how", *cit.*, pp. 73-78.

[50] Cf. Jacques-Henri GAUDIN, "Stratégie et négotiation des transferts de techniques: accords de licence, d'assistence technique et de coopération industrielle", *cit.*, p. 74.

[51] Cf. minuta de contrato utilizado em um caso concreto, obtida junto a escritório de advocacia especializado.

A garantia explicitada pelo item "c", por sua vez, da obtenção de resultados qualitativos determinados (volume x qualidade x tempo), pode ser ilustrada da seguinte forma[52]:

The licensor guarantees the performance of said plant in the following respects and under following terms and conditions:
(a) In a performance test run, hereinafter described, during which said plant is free from mechanical defects substantially affecting process operability, said plant, if constructed in accordance with process designs and process specifications provided by licensor .... pursuant to this license and approved by the licensor for construction and if prepared for operation in accordance with such instructions at not substantially greater than the designed capacity but not less than the guaranteed capacity, will meet the guarantees of subparagraph (b) of this article when employing:
(i) ... tonnes of feedstock meeting the following specifications:
a. Impurity of component: .....
b. Maximum quantity: .....
c. Test method: .....
(ii) .....
(b) When said plant is operated in test run to produce ....:
(i) Production of .... will be at the rate of not less than .... million pounds per calendar year, when calculated over ... days per calendar year;
(ii) Yield to specification product as shown below will not be less than .... weight per cent based on the total weight of feedstocks charged to said plant;
(iii) The product shall meet the following quality specifications:
a. Chlorides and other halides: .... parts per million maximun in total, according to the American Society of Engineers test method ...
b. ...

Por fim, em relação à garantia de treinamento dos técnicos do receptor (caracterizada na alínea "d", acima), encontramos o seguinte exemplo[53]:

---

[52] Cf. UNITED NATIONS INDUSTRIAL DEVELOPMENT ORGANIZATION (UNIDO), "Guide to guarantee and warranty provisions in transfer-of-technology transactions", *cit.*, pp. 69-70. Ver, também, Roger M. MILGRIM, "Milgrim on licensing", *cit.*, cap. 23, p. 35. Sobre exemplos de garantias de cunho econômico, como custos de produção e rentabilidade, v. Jean-Marie DELEUZE, "Le contrat de transfert de processus technologique: know-how", *cit.*, pp. 159-167.

[53] Cf. minuta de contrato utilizado em um caso concreto, obtida junto a escritório de advocacia especializado.

"A" shall provide not more than five (5) employees of "B", consisting of one (1) production supervisor, one (1) maintenance technician, one (1) coating technician, one (1) quality technician and, if required, one (1) Project Coordinator at the plant in ......, with training in English sufficient to operate the Equipment at Rated Capacity and shall deliver one copy or the Process Instructions according to the Process Equipment Documentation as per Appendix I to each of these at the commencement of such training. The training of the above-mentioned employees shall last ......
The technical education and background of "B's" employees will be mutually fixed by the parties not later than .... days before commencement of the training. "A" reserves the right to notify "B" if one of the employees shows insufficient qualification at the beginning of the training and "A" may request to exchange this particular unqualified employee.
No later than the end of the .... week of training 'B's" trainees shall confirm to "A" in writing that they have acquired the know-how necessary for carrying out the Process or - if this is not the case - to state to what extent they require further training.

Como ocorre na cláusula acima exemplificada, é freqüente seja instituído um certificado cuja emissão ocorre após realizados os testes de desempenho da tecnologia destinado a reconhecer que os resultados previstos pelo contrato foram efetivamente alcançados. Esse documento tem a função, portanto, de confirmar o adimplemento das obrigações assumidas pelo transferente no tocante à consecução dos resultados, e, conseqüentemente, confirmar que a tecnologia foi devidamente transferida, encontrando-se o receptor capacitado para geri-la de forma autônoma. A disposição contratual, a seguir, exemplifica sobre os termos do certificado com as finalidades ora indicadas[54]:

After .... consecutive hours of continuous operation of the Licensed Process at the Facility (resulting in production of not less than .... units of end product complying with the specifications set out in Schedule ....), and if the Licensor is the otherwise satisfied that the start up has been succesfully achieved, the Licensor

---

[54] Cf. Roger M. MILGRIM, "Milgrim on licensing", *cit.*, cap. 16, p. 21.

shall provide to the Licensee a Certificate of Start Up in the form appended as Schedule ....
If, however, the Licensee believes that the start up has not been succesfully achieved, the Licensee, may reject the Licensor's Certificate of Start Up, but in such event shall provide to the Licensor, within not more than 72 hours from Licensor's tender of the Certificate of Start Up, a reasoned explanation stating, with as much specificity as shall be practicable under the circumstances, the basis upon which the Licensee has concluded that start up has not succesfully been achieved.
If the Licensor is unable to correct the stated defects or deficiencies, or if the parties are unable to agree whether a succesful start up has been achieved, this shall be a dispute which shall be resolved as promptly as practicable in accordance with section ....

As conseqüências decorrentes do insucesso quanto aos resultados previamente fixados também variam, com freqüência, nos casos concretos, e costumam envolver, em especial, os seguinte itens: a transmissão gratuita de informações suplementares, o desconto em eventuais aquisições de equipamentos ou matérias-primas, a fixação de multa pecuniária ou o direito do receptor de considerar rescindido o contrato por culpa do transferente[55]. Considerando a relevância dos investimentos envolvidos, o receptor exige ainda, em alguns casos, a emissão de uma garantia bancária de boa execução do contrato a seu favor (*performance bond*), com vistas ao pronto ressarcimento dos prejuízos em que incorreu pela inadimplência do transferente[56].

---

[55] Em determinadas situações, em que há dificuldade de se constatar se a culpa do insucesso é atribuída ao receptor ou transferente, uma vez que o transferente realizou todos os atos necessários para atingir os referidos resultados, parte da doutrina entende que a hipótese é de resolução do contrato sem culpa de qualquer das partes. V. Alexandre KREIS, "La transmission de know-how entre entreprises industrielles", *cit.*, pp. 260-261.

[56] Cf. UNITED NATIONS INDUSTRIAL DEVELOPMENT ORGANIZATION (UNIDO), "Guide to guarantee and warranty provisions in transfer-of-technology transactions", *cit.*, p. 109. Sobre a estrutura e conteúdo dessa garantias e aplicação aos contratos de transferência de tecnologia V., também, Louis COUSTET, "O contrato comercial; a obrigação contratual a ser garantida"; e Yves POULLET, "Apresentação e definição das garantias praticadas na Europa", ambos in *As garantias bancárias nos contratos internacionais*, São Paulo, Saraiva, 1985, pp. 92-99; 39-40, respectivamente.

Finalizado o estudo das cláusulas ligadas à transferência da tecnologia, passamos a abordar aquelas diretamente relacionadas com sua exploração.

Seção 2
Relacionadas com a Exploração
da Tecnologia

Nesta seção, trataremos das seguintes cláusulas: território, sublicenciamento, assistência técnica e exploração mínima.

A - Território

Neste sentido, as primeiras cláusulas a serem analisadas são aquelas que dizem respeito ao *território* estabelecido no contrato, onde o receptor poderá explorar a tecnologia. Dois aspectos serão considerados:

a) a delimitação geográfica do território; e,

b) a atuação do receptor fora de tal território.

Uma vez que, no contrato sob análise, parte da tecnologia está protegida por uma ou mais patentes, entendemos que a delimitação do território observará as normas de propriedade industrial que sejam aplicáveis ao caso, a despeito de o contrato envolver, também, a transferência de *know-how*. Assim, a legislação de propriedade industrial do país do receptor tanto pode impor que a exploração venha a ocorrer em todo o território nacional, como aceitar a definição de áreas menores. Na União Européia, a resolução n. 240/96 da Comissão, também autoriza, com certas restrições, acordos desse tipo[57].

Sobre o segundo aspecto, discute-se a possibilidade de o contrato impedir ou restringir a atuação do receptor fora do território contratual, no tocante à exportação de

---

[57] Artigo 1º.

produtos resultantes da aplicação da tecnologia. Há países, todavia, que vedam qualquer limitação nesse sentido. Cite-se o exemplo da antiga lei brasileira, quando regula a licença para a exploração de patente[58]:

"art. 29 - A concessão de licença para a exploração será feita mediante ato revestido das formalidades legais contendo as disposições de remuneração e as relacionadas com a exploração do privilégio, bem como referência ao número e ao título do pedido ou da patente.

...

2º - *A concessão não poderá impor restrições à comercialização e à exportação do produto de que trata a licença,* bem como à importação de insumos necessários à sua fabricação." (grifos nossos)

Na prática, porém, predominam cláusulas restritivas de exportação direta para os países em que o transferente explore diretamente a patente ou nos quais haja concedido licença a terceiros[59]. No âmbito da União Européia, segundo Gaudin[60], devem ser analisadas três categorias de obrigações habitualmente fixadas pelos contratos:

a) obrigações de reciprocidade entre licenciador e licenciado, visando a proteger os respectivos territórios de atuação;

b) obrigação do licenciado de não ingressar no território em que outro licenciado detenha o direito de exploração exclusiva; e

---

[58] Lei n. 5772, de 21 de dezembro de 1971, publicada no DOU de 31/12/71.

[59] Segundo a OECD, esta posição é adotada pelas legislações norte-americana, alemã e japonesa. Ver ORGANIZATION FOR ECONOMIC CO-OPERATION AND DEVELOPMENT (OECD), "Restrictive business practices relating to patents and licenses", Paris, OECD, 1973, p. 15. V., também, Guillermo CABANELLAS, "Contrato de licencia y de transferencia de tecnologia en el derecho privado", *cit.*, p. 365.

[60] Cf. Jacques-Henri GAUDIN, "Guide pratique de l'ingenierie des licenses et des cooperations indutrielles", *cit.*, p. 132.

c) obrigações que impedem as partes de ingressar em territórios nos quais haja relações comerciais entre a outra parte e terceiros comerciantes, envolvendo a mesma a tecnologia ou seus respectivos produtos.

As duas primeiras categorias, se atendidas certas limitações termporais, são consideradas lícitas pela Comissão, sendo, porém, a terceira expressamente vedada[61]. Tal proibição, instituída na maioria dos países, fundamenta-se na teoria do esgotamento dos direitos de propriedade industrial, segundo a qual, uma vez que o receptor tenha colocado o produto em circulação em território "permitido", esgota-se o monopólio conferido pela patente[62]. O Tribunal de Justiça da União Européia, no caso Centrafarm, assim regulou a questão dos limites entre a proteção da propriedade industrial e a livre circulação de mercadorias[63]:

"En matière de brevets, l'objet spécifique de la propriété industrielle est notamment d'assurer au titulaire, afin de récompenser l'effort créateur de l'inventeur, *le droit exclusif d'utiliser une invention en vue de la fabrication et de la première circulation de produits industriels*, soit directement, soit par l'octroi de licences à des tiers, ainsi que le droit de s'opposer à toute contrefaçon." (grifos nossos)

Exemplificando: se um comerciante adquirir, no âmbito do território da licença, certo produto de um licenciado, vindo a revendê-lo em território do receptor, não cabe imputar, por isso, nenhuma responsabilidade ao licenciado.

As cláusulas relativas à delimitação do território, a despeito das questões acima examinadas, são usualmen-

---

[61] *Id. ibidem*. Ver, também, Resolução CE n. 240/96.

[62] Cf. ORGANIZATION FOR ECONOMIC CO-OPERATION AND DEVELOPMENT (OECD), "Restrictive business practices relating to patents and licenses", *cit.*, p. 15.

[63] Cf Jacques-Henri GAUDIN, "Guide pratique de l'ingenierie des licenses et des cooperations indutrielles", *cit.*, p. 132.

te de redação relativamente simples. Os exemplos abaixo ilustram a situação implicada pela definição do território e algumas variações envolvendo restrição à exportação, imposta ao receptor todas passíveis de serem consideradas ilícitas por determinadas legislações[64]:

Le présent transfert est accordé pour les territoires suivants ....
Le Preneur s'interdit de fabriquer dans d'autres territoires
Formule A: Le Preneur ne sera autorisé à exporter que vers les territoires suivants ......
Formule B: Le Preneur pourra exporter vers les divers autres pays à l'exclusion des suivants ....
....
(9) the Territory is the country of ...., where the Licensee is entitled to exploit the Know-How;
(10) the Licensors Territory means territories in all other parts of the world in which the licensor has not granted any licenses and which it has expressly reserver for himself.

B - Sublicenciamento

Passamos, agora, a abordar as disposições relativas à exploração indireta da tecnologia pelo receptor, ou seja, o *sublicenciamento*. O contrato internacional de transferência de tecnologia, conforme já visto, consiste em negócio jurídico de natureza personalíssima (*intuito personae*). Sob a perspectiva do transferente, a escolha do receptor envolve o estudo e a aprovação de suas diversas particularidades, como a capacidade industrial, a comercial, a de distribuição e a confiabilidade[65]. Por isso, também, nos contratos de licença o transferente não tem, em princípio, maior interesse no sublicenciamento.

---

[64] As três primeiras cláusulas foram utilizadas por Jean-Marie DELEUZE, "Le contrat de transfert de processus technologique: know-how", *cit.*, p. 137. As duas últimas foram obtidas no capítulo de Mark ABELL, "Know-how licensing in the european communities", in *International Business Transactions*, Boston, Kluwer, 1992, capítulo 15, p. b-12.

[65] Ver Barthélémy MERCADAL e Philippe JANIN, "Les contrats de coopération inter-entreprises", *cit.*, pp. 22-24. V., também, Parte I, Capítulos 1 e 2, deste estudo.

O sublicenciamento, à revelia do licenciador, pode-lhe causar prejuízos, como perda da remuneração, danos à imagem, redução do valor do *know-how* ou formação de novos concorrentes em outros mercados. O fato de que parcela da tecnologia esteja protegida por uma ou mais patentes lhe proporciona certa segurança, na medida em que poderá fazer valer seu monopólio legal de exploração das patentes frente a terceiros[66]. Nessas condições, o sublicenciamento consistiria, ainda, infração contratual, viabilizando a rescisão do contrato por culpa do receptor (licenciado).

Por outro lado, devem-se referir hipóteses em que o sublicenciamento é conveniente para ambas as partes, como por exemplo:

a) quando o receptor, no curso do contrato, não consegue cumprir a obrigação de exploração de forma eficiente e eficaz (produção/venda mínima);

b) quando o receptor está interessado na implementação indireta da tecnologia, como forma de maximizar a exploração, no mercado de que dispõe, dentro do território contratual, e aumentar a remuneração da tecnologia;

c) quando o receptor tem interesse em sublicenciar uma subsidiária ou uma empresa controlada, no bojo de sua estratégia comercial ou industrial[67].

O sublicenciamento desencadeia inúmeras questões relativamente às obrigações das partes. Em geral, o licenciador não se obriga a realizar a transferência de tecnologia ao sublicenciado, mas apenas concorda com tal transferência, recaindo sobre o licenciado essa obrigação. Território, remuneração, restrições de uso e confidencialidade são exemplos de obrigações a serem

---

[66] Cf. Guillermo CABANELLAS, "Contrato de licencia y de transferencia de tecnologia en el derecho privado", *cit.*, p. 397.

[67] V., também, Placido SCAGLIONE e Stefano SANDRI, "Licensing: aspetti tecnico-giuridici, scelte di impresa, guida alla negoziazione e redazione degli accordi", *cit.*, p. 237.

discutidas no âmbito do sublicenciamento. Dessa forma, em razão da diversidade e amplitude de aspectos a exigirem decisão, por ocasião do sublicenciamento, é freqüente que os contratos de transferência de tecnologia estabeleçam apenas, de forma genérica, que o sublicenciamento a terceiros se concretizará somente após expressa anuência do transferente. Cumpre ressalvar que a legislação de alguns países[68] proíbe que o transferente impeça o sublicenciamento, a menos que apresente razões fundamentadas para tanto, como, por exemplo, risco da perda do *know-how* ou ocorrência de prejuízos comerciais.

Apresentamos, abaixo, exemplo de cláusula ilustrando a necessária autorização do transferente para o sublicenciamento[69]:

Les parties sont d'accord pour que les droits et obligations découlant de ce contrat ne puissent être transférés ni cédés à un tiers, en tout ou partie, sans le consentement donné par écrit, du Fournisseur.

Ou, ainda, mais detalhadamente, como é usual nos contratos regidos pela *Common Law*[70]:

Licensee may not sublicense any third party to manufacture, market, distribute, sell, or service the Product or any component thereof without obtaining the prior written consent of Supplier. All proposed sublicensee agreements shall contain provisions pursuant to which the sublicensee agrees:
(i) to maintain the secrecy of confidential information and to sign a Confidentiality Agreement substantially in the form of Section 10;
(ii) required for the full computation of the Cost of Sales of Products produced by such third party or the royalties due with respect to sales by such party, as appropriate, and to permit the inspection of such records and books of account in accordance with the procedures

---

[68] Como a alemã, por exemplo. Ver Herbert STUMPF, "El contrato de know how", *cit.*, p. 185.

[69] Cf. Jean-Marie DELEUZE, "Le contrat de transfert de processus technologique: know-how", *cit.*, p. 139.

[70] Cf. Howard G. ZAHAROFF, "International licensing agreements", *cit.*, cap. 16, p. b-18.

set forth in Section 9 (b) of this Agreeement, at a location that is no less convenient for Supplier than the places of inspection specified in said Section 9 (b); and (iii) to comply with and to perform the obligations delegated to it by Licensee under this Agreement as if this Agreement were biding on it. The execution of any assignement or sublicense by Licensee without Supplier's prior written consent shall constitute a default of this Agreement and shall be ineffective as against Supplier.

C - Assistência Técnica

O estudo das cláusulas sobre *assistência técnica* exige, *ab initio*, a explicitação de seu objeto, em virtude da heterogeneidade terminológica dominante no âmbito doutrinário e na prática contratual. Utiliza-se a expressão "assistência técnica" para referir uma grande e díspar variedade de situações[71], como a transmissão de *know-how*, o treinamento de técnicos do receptor e as visitas periódicas dos técnicos do transferente às instalações do receptor, a fim de garantir a qualidade técnica na exploração da tecnologia[72].

Para os efeitos deste estudo, no entanto, circunscreve-se o sentido da expressão para designar o serviço prestado pelo transferente ao receptor, na etapa de execução dos contratos de transferência de tecnologia, de transmissão de informações e experiências técnicas de conhecimento público, quando não protegidas por patentes nem qualificadas como *know-how*[73]. Fica, portanto, excluído, também, o treinamento do pessoal do receptor na fase de transmissão da tecnologia, visto que o mesmo visa, preponderantemente, a complementar a transmissão do *know-how*, efetuada mediante documentos e outros suportes físicos[74].

---

[71] Cf. Phillipe Kahn, "Typologie des contrats de transfert de la technologie", *cit.*, p. 460.

[72] Cf. Mahmoud SALEM, "Les contrats d'assistence technique", in *Transfert de technologie et developpement*, Paris, Libraires Techniques, 1977, p. 468.

[73] Cf. Newton SILVEIRA, "Contratos de transferência de tecnologia", *cit.*, p. 91.

[74] Sobre os objetivos do treinamento v. Jacques-Henri GAUDIN, "Guide pratique de l'ingenierie des licenses et des cooperations indutrielles", *cit.*, p. 50;

O objetivo da assistência técnica, em consonância com os termos acima definidos, consiste na facilitação da exploração da tecnologia pelo receptor, através do fornecimento, pelo transferente, de informações envolvendo conhecimento amplo, cujo acesso por outros meios exigiria relevante esforço e custo para o receptor[75].

Trata-se de uma obrigação de fazer, atribuída ao transferente, geralmente desvinculada da obtenção de resultados objetivos (obrigação de meio). A extensão e as características da prestação dependem de regulamentação por contrato específico. Usualmente, os contratos incluem os seguintes pontos: obrigação do transferente de prestar assistência técnica; vigência da obrigação; forma da prestação; competência técnica do pessoal envolvido; local; alocação de despesas e remuneração.

Em razão da diversidade de situações possíveis, apresentamos dois exemplos bastante distintos[76]:

... 1. In order to foster the Licensee's manufacturing utilization of the Technology and Improvements licensed under section ...., the Licensor shall, without charge other the reimbursement expressly provided in this section ...., make available to the Licensee, the Licensor's technological personnel (regarded by the Licensor to be competent for the purpose) to render technological assistance for up to ten (10) man-days, to be scheduled at the Licensor's and the Licensee's mutual convenience, in each calendar year during which this Agreement shall be in existence. Within thirty (30) days of Licensor's submission of its invoice therefor, the Licensee shall

---

e UNITED NATIONS INDUSTRIAL DEVELOPMENT ORGANIZATION (UNIDO), "Guide to guarantee and warranty provisions in transfer-of-technology transactions", *cit.*, pp. 101-109. V., também, seção 1, itens "b" e "c", deste capítulo.

[75] Cf. Luiz Alfredo R. da S. PAULIN, "Contribuição aos estudos do contrato internacional de *know-how*", *cit.*, p. 115 ; e Newton SILVEIRA, "Contratos de transferência de tecnologia", *cit.*, p. 91.

[76] O primeiro exemplo foi extraído da obra de Roger M. MILGRIM, "Milgrim on licensing", *cit.*, cap. 19, p. 15, enquanto o segundo foi obtido em minuta de contrato utilizado em um caso concreto, obtida junto a escritório de advocacia especializado.

MAURÍCIO C. A. PRADO

promptly reimburse the Licensor for travel, lodging and other out-of-pocket expenses associated with the assistance.
....
3.1. A se compromete a suministrar ASISTENCIA TÉCNICA y si tal ASISTENCIA TÉCNICA fuere prestada mediante el envío de técnicos designados por A a la sede de B, B pagará y reembolsará a A por la estadía y transporte local de los técnicos enviados y por los gastos de viaje.
3.2. Queda establecido, todavía, que excepto disposición en contrario y debidamente acordado por escrito entre las *PARTES*, son establecidos los siguientes límites para el envío de técnicos a la sede de *B*:
01 - 90 días del *start-up*: 10 días por mes;
91 - 180 días del *start-up*: 05 días por mes;
180 - 270 días del *start-up*: 03 días por mes;
271 - 540 días del *start-up*: 01 día por mes.
3.3. Como remuneración por la *ASISTENCIA TÉCNICA* prevista por el Artículo III, por día de ausencia de los técnicos de *A* de su puesto normal de trabajo, *B* pagará a *A*, dentro de treinta (30) días del recibimiento de la respectiva factura la suma de U\$S ..... por día.

D - Exploração Mínima

Nos contratos de licença encontra-se, também, a obrigação, atribuída ao receptor, de alcançar certo *patamar mínimo de exploração da tecnologia* (obrigação de fazer). O critério para fixação do nível mínimo ostenta certa variação, na prática contratual, oscilando, por exemplo, entre a exigência da fabricação de um volume mínimo de produtos, com a tecnologia transferida, e a da comercialização de uma quantidade mínima dos respectivos produtos.

A instituição de tal obrigação atende, principalmente, aos interesses do transferente, que é motivado pelas seguintes razões[77]:

a) necessidade de evitar as sanções legais impostas ao titular da patente, no caso de falta de exploração da mesma;

---

[77] Ver Herbert STUMPF, "El contrato de know how", *cit.*, pp. 94-98; e Guillermo CABANELLAS, "Contrato de licencia y de transferencia de tecnologia en el derecho privado", *cit.*, p. 323.

b) interesse de receber uma remuneração mínima, no caso em que esta dependa do volume de produzido ou comercializado;

c) interesse de que seja preservado o valor da tecnologia (patente e *know-how*), fato que demanda sua exploração;

d) interesse em que o receptor explore todo o potencial mercadológico da tecnologia, dentro do território.

Em certos países, como a França, tal obrigação é implícita ao contrato de licença[78], não se exigindo sua expressa menção. Já os Estados Unidos apenas a consideram implícita no contrato nos casos de exclusividade absoluta do receptor para explorar a tecnologia no território contratual e na renúncia do transferente à faculdade de também realizar tal exploração[79]. Em ambos os ordenamentos, porém, não há determinação objetiva do patamar mínimo, visando apenas a resguardar os interesses do transferente quanto aos seus direitos de propriedade industrial.

No tocante às conseqüências de descumprimento da obrigação, podem consistir na perda da exclusividade, na aplicação de multa pecuniária ou, inclusive, na rescisão do contrato. O seguinte exemplo é ilustrativo[80]:

A compter de la ne. année, X devra avoir développé suffisamment ses ventes de Produits Contractuels pour atteindre un montant net annuel des ventes de 000. Au cas où, pendant deux anées consécutives, ce montant ne serait pas atteint, A aura le droit de mettre fin, après un préavis d'un an, à l'exclusivité concédée à X par le present Contrat (ou bien: de résilier le présent Contrat)."

---

[78] Cf. Guillermo CABANELLAS, "Contrato de licencia y de transferencia de tecnologia en el derecho privado", *cit.*, p. 323.

[79] *Id.*, p. 322. Tal diversidade de tratamento legal entre a França e os EUA deve-se ao fato de este realizar distinção entre exclusividade absoluta (*exclusive license*) e exclusividade relativa (*sole license*). Sobre o assunto, vide capítulo. Ver Capítulo 2, seção 1, desta Parte.

[80] Cf. Jacques-Henri GAUDIN, "Guide pratique de l'ingenierie des licenses et des cooperations indutrielles", *cit.*, p. 342.

Capítulo 2
CLÁUSULAS COMPLEMENTARES E USUAIS

Estudadas as cláusulas centrais, passaremos a analisar as principais disposições típicas do contrato internacional de transferência de tecnologia sob estudo que não estão diretamente relacionadas com a transferência e exploração da tecnologia.

Serão objeto de nosso exame, na seção 1, as seguintes cláusulas complementares: exclusividade, licença mais favorecida, remuneração e confidencialidade. Na seção 2, abordaremos apenas aquelas cláusulas usuais nos contratos internacionais que, no contrato objeto de nosso estudo, apresentam conformação particular. São elas: termo inicial, extinção e lei aplicável.

Seção 1
Cláusulas Complementares

A - Exclusividade

A primeira cláusula a ser analisada, neste tópico, é aquela pela qual o transferente concede ao receptor a *exclusividade* na exploração da tecnologia, em determinado território. O regime de exclusividade atende sobretudo aos interesses do receptor, pois lhe propicia vantagem estratégica frente a seus concorrentes, que estão privados do uso da referida tecnologia[81]. Ao transferente, é satisfatória essa disposição, na medida em que, durante as negociações, o habilita a exigir incremento da remuneração ou a compensação por outra vantagem[82], em contrapartida, pela outorga da exclusividade.

---

[81] Sobre o assunto v. Parte I, capítulo 1, seção 2, deste estudo.

[82] V. Alexandre KREIS, "La transmission de know-how entre entreprises industrielles", *cit.*, pp. 244-247.

A referida cláusula impõe ao transferente uma obrigação de não fazer, englobando duas variações básicas:

a) a exclusividade "absoluta"[83], que implica a obrigação do transferente de não licenciar terceiros para explorarem a tecnologia no território do receptor, bem como de não realizar, por si próprio, sua exploração no referido território. Apresentamos o seguinte exemplo, ilustrativo desta hipótese[84]:

"In accordance with the grant of exclusivity in clause ...., Licensor shall not exploit, or allow any third party to exploit the Patents and Know-how in the Territory during this agreement.

b) a exclusividade "relativa"[85], que institui, apenas, a obrigação do transferente de não licenciar terceiros para explorarem a tecnologia no território do receptor. Vejamos o exemplo correspondente[86]:

La licencia es exclusiva. El licenciante se reserva sin embargo el derecho de fabricar, utilizar o vender los objetos compreendidos en la licencia inclusive en los territorios mencionados en el art. 2º.

Em determinados países, a exclusividade pode ser restrita a determinadas atividades (como a fabricação ou a comercialização) ou produtos específicos[87]. Por isso, as decisões sobre o teor das cláusulas de exclusividade, em casos concretos, devem ser precedidas de criterioso exame da legislação aplicável ao contrato, a fim de se avaliar o grau de autonomia que ela propicia às partes na matéria, principalmente por nela estarem implicadas restrições à livre concorrência.

---

[83] No âmbito da *common law*, essa modalidade é designada *exclusive license*.

[84] Cf. minuta de contrato utilizado em um caso concreto, obtida junto a escritório de advocacia especializado.

[85] Por sua vez, essa forma é designada *sole license*, no âmbito da *common law*.

[86] Cf. Herbert STUMPF, "El contrato de know how", *cit.*, p. 314.

[87] Admitida na maioria dos Estados integrantes dos Estados Unidos da América. V. Roger M. MILGRIM, "Milgrim on licensing", *cit.*, cap. 15, pp. 23-29.

O descumprimento desta obrigação, em especial, pode acarretar graves prejuízos ao receptor, pois, como dissemos, a exclusividade consiste num dos principais fatores para que ele alcance os objetivos previstos pela transferência de tecnologia.

A infração contratual deverá ser analisada sob dois aspectos:

a) com relação a eventuais medidas legais a serem adotadas pelo receptor para impedir que terceiros explorem a tecnologia da qual possui a exclusividade;

b) com relação aos efeitos jurídicos na esfera da relação contratual.

Consistindo a patente em um monopólio legal, pode ser pleiteada a tutela jurisdicional para evitar a exploração das informações englobadas pelas patentes caracterizadas no contrato. Deve-se notar, contudo, que as legislações de diversos países não permitem ao receptor, em seu próprio nome, que demande as medidas judiciais facultadas ao titular da patente[88], com vistas a evitar a violação do monopólio por terceiros. Nesses casos, os contratos geralmente adotam cláusula preventiva, no sentido de obrigar o transferente a tomar as medidas cabíveis, como ilustra o exemplo[89]:

If the Licensee believes that there is substantial infringement of any Licensed Patent by a third party and the Licensee submits (evidence) (documentary support) of such activity to the Licensor, the Licensor acting at its own expense and for its own account, shall bring suit to enjoin that infringement.

É possível, contudo, que a pura e simples cessação da exploração por terceiro, no tocante às informações abrangidas pelas patentes, não seja suficiente, pois parte da tecnologia corresponde ao *know-how*. Quanto a este, é

---

[88] Cf. Guillermo CABANELLAS, "Contrato de licencia y de transferencia de tecnologia en el derecho privado", *cit.*, p. 375. Tal assertiva não se aplica, porém, aos Estados Unidos.

[89] Cf. Roger M. MILGRIM, "Milgrim on licensing", *cit.*, cap. 15, p. 53.

facultado ao receptor atuar em defesa de seus interesses contra o terceiro, caso o tenha conseguido ilicitamente, fato que usualmente configura ato tipificado, civil ou criminalmente, como infração à livre concorrência. Há que se considerar, ainda, as novas regras previstas no acordo TRIPS, que visam a reforçar a tutela dos interesses do legítimo titular do *know-how*[90].

Na esfera da relação jurídica contratual, configurando a conduta do transferente como violação contratual, pela exploração da tecnologia no território contratual (nos casos de exclusividade "absoluta") ou por ter autorizado terceiro a fazê-lo poderá o receptor considerar rescindido o acordo e pleitear a respectiva indenização[91].

Por outro lado, cumpre notar que o receptor é passível, no curso do contrato, de vir a perder o direito de exclusividade ou de tê-lo temporariamente suspenso, a título de sanção pelo inadimplemento de certas obrigações contratuais. Apresentamos, abaixo, exemplo em que a falta de pagamento da remuneração mínima, estatuída contratualmente, acarreta a perda da exclusividade, mas não envolve hipótese de rescisão contratual[92]:

If Licensee fails to pay the minimum royalties set forth in Section 5(b) of this Agreement, but is not in default of any other provision of this Agreement, Supplier shall not have a right to terminate the Agreement pursuant to Section 12(c) below, but the license granted in Section 3(a) above shall become nonexclusive and Supplier shall and any agents or licensees it designates shall be entitled to manufacture, market, distribute, sell, and service the Product in the Territory and to use the Trademarks in connection herewith.

---

[90] Ver Parte I, capítulo 3, seção 2, deste estudo.

[91] Cf. Guillermo CABANELLAS, "Contrato de licencia y de transferencia de tecnologia en el derecho privado", *cit.*, p. 383.

[92] Cf. Howard G. ZAHAROFF, "International licensing agreements", *cit.*, cap. 16, p. b-9.

B - Licença mais Favorecida

Outra disposição complementar, encontrada nos contratos de licença, é a cláusula pela qual o licenciador confere ao licenciado, na vigência do contrato, a faculdade de modificar certas condições contratuais, caso o licenciador venha a acordar licença com terceiros em termos mais vantajosos[93]. Note-se que a cláusula se limita à concessão de condições idênticas às atribuídas ao *licenciado mais favorecido*, e não melhores do que essas[94].

O interesse por essa cláusula, no que respeita ao licenciado, decorre da oportunidade de reduzir os custos da tecnologia e, também, para evitar que outros licenciados usufruam de vantagens competitivas conferidas pelo licenciador[95]. Aplica-se essa disposição especialmente ao caso de licença não-exclusiva, ou à situação em que as partes também contratam o fornecimento de matéria-prima ou equipamentos. Quanto ao licenciador, por certo resiste à inclusão dessa cláusula no contrato, visto que, para ele, tal obrigação pode resultar na redução ou perda da capacidade de negociação com terceiros[96], uma vez que toda e qualquer vantagem que venha a ser concedida à outra parte acabará por refletir-se nos negócios já pactuados nos quais figure a referida obrigação.

No caso concreto, a aplicação de tal cláusula pode, ainda, envolver certa dificuldade em identificar, relativamente a dois ou mais licenciados, qual seja a condição

---

[93] Cf. Jean Marc MOUSSERON, "Technique contratuelle", *cit.*, p. 539.

[94] Cf. Alexandre KREIS, "La transmission de know-how entre entreprises industrielles", *cit.*, p. 251.

[95] Cf. Guillermo CABANELLAS, "Contrato de licencia y de transferencia de tecnologia en el derecho privado", *cit.*, p. 385; e Jean-Marie DELEUZE, "Le contrat de transfert de processus technologique: know-how", *cit.*, p. 58.

[96] Cf. Placido SCAGLIONE e Stefano SANDRI, "Licensing: aspetti tecnico-giuridici, scelte di impresa, guida alla negoziazione e redazione degli accordi", *cit.*, p. 222.

mais vantajosa[97]. O fato, por exemplo, de se estabelecer remuneração fixa por unidade produzida em uma nova licença não implica, necessariamente, que a remuneração definida como percentual sobre o faturamento seja desvantajosa. Pode ocorrer, também, que a conferência de vantagens a um novo licenciado tenha, como contrapartida, a assunção por este de outras obrigações não-previstas nas licenças anteriores. Nessa situação, para que o primeiro licenciado que presume haver o terceiro sido beneficiado pela cláusula de licença mais favorecida venha a usufruir da "mesma vantagem" que foi atribuída ao terceiro, deverá assumir o ônus correspondente.

Conclui-se, pois, que o efeito prático dessa cláusula consiste em instituir a negociação entre as partes sobre novos termos, para a licença, visando à equiparação da condição dos licenciados, quanto a vantagens e desvantagens, à licença considerada como mais favorecida. Apresentamos, abaixo, um exemplo de cláusula sobre a matéria, na qual consta a obrigação do primeiro licenciado de assumir os encargos equivalentes aos do terceiro, se desejar usufruir das vantagens correspondentes às que atribui ao terceiro[98]:

In the event that the Licensor shall accord (at any time before or after the effective date of this License Agreement) a license for any matter which shall be materially included in the Licensed Rights on royalty, payment or other readily economically measured terms more favorable to the third party licensee ("MFT"), then
... 1. the Licensor shall promptly notify the Licensee of any licensee so accorded and describe in the notice both the MFT and any obligations, duties, undertakings or other consideration to provided such party licensee; and
... 2. the Licensee shall have ....(30) days to notify the Licensor whether the Licensee desires to have the MFT which can be accepted only if the Licensee shall agree (to the extent not already assumed in

---

[97] Cf. Jean-Marie DELEUZE, "Le contrat de transfert de processus technologique: know-how", *cit.*, p. 59.

[98] Cf. Roger M. MILGRIM, "Milgrim on licensing", *cit.*, cap. 26, p. 4.

this License Agreement) to any additional obligations, duties or undertakings and to provide any consideration and to be provided by the third party licensee.

Na prática contratual, encontram-se situações em que o âmbito da obrigação do licenciado é restrito a matérias predeterminadas, como o preço das matérias-primas[99] ou mesmo limitado a um território específico. Apresentamos exemplo, formulado por Deleuze[100], de restrição territorial, assinalando que, no caso, foi acordada uma obrigação negativa, para o transferente, de não licenciar terceiros com condições mais favoráveis:

> Le Fournisseur prend l'engagement *de ne pas consentir à un tiers, dans le même territoire* (et pour un même objet que celui prevu au présent contrat) *des conditions plus favorables* que celles faites au Preneur pour autant cependant que demeurent inchangées les condition économiques prévalant actuellement. Cel engagement aura une durée de .... ans à partir de l'entrée en vigueur effective du présent contrat. (grifos nossos)

Por fim, como ressalta Mousseron[101], embora não seja o mais usual nos contratos, é importante definir o momento a partir do qual o contrato será modificado pela aplicação da cláusula. Isso porque o transferente pode ter interesse em protelar a concessão do benefício ao receptor. Nesse caso, a regulamentação contratual tem por objetivo evitar a instauração de controvérsia sobre a matéria. O primeiro exemplo, abaixo, estatui que o licenciado terá direito ao benefício desde o momento em que o terceiro começou a utilizá-lo. Por conseguinte, o segundo exemplo institui a obrigação de o transferente restituir as quantias pagas no valor excedente às devi-

---

[99] Cf. UNITED NATIONS INDUSTRIAL DEVELOPMENT ORGANISATION (UNIDO), "Guidelines for the acquisition of foreign technology in developing countries", *cit.*, p. 31.

[100] Cf. Jean-Marie DELEUZE, "Le contrat de transfert de processus technologique: know-how", *cit.*, p. 138.

[101] Ver Jean Marc MOUSSERON, "Technique contratuelle", *cit.*, pp. 540-541.

CONTRATO INTERNACIONAL DE
TRANSFERÊNCIA DE TECNOLOGIA

121

das, caso o receptor tivesse gozado do benefício desde o momento em que este foi constituído[102]:

... le fournisseur s'engage à en faire bénéficier le client à compter du jour de leur application à un tiers.
... les prix fixés ci-avant réduits en conséquences et les sommes payées en trop seront remboursées.

C - Remuneração

Ao se analisarem as cláusulas atinentes à *remuneração*, deve-se considerar o fato de que a liberdade contratual veio a ensejar grande diversidade de formas na prática dos contratos. Por conseguinte, observa-se, no âmbito doutrinário, certa confusão terminológica, sendo comum encontrar-se o mesmo termo para designar realidades distintas (*royalties*, por exemplo, apresenta as mais diversas conotações). Recentemente, Luiz Alfredo Paulin sistematizou a matéria, buscando uniformizá-la[103]. Acatando o posicionamento do autor, adotamos sua classificação, que propõe o tema referente à remuneração dos contratos de transferência de tecnologia compreendido por duas categorias, a saber[104]:

a) as regalias (*royalties* ou *redevances*), que constituem apenas a remuneração variável, com pagamento no curso do contrato; e,

b) a remuneração fixa, à vista ou em parcelas (designada como *lump sum* ou *forfait*).

Superada a questão terminológica, constata-se que as cláusulas sobre remuneração, neste contrato, se reves-

---

[102] *Id.*, p. 541.

[103] Ver Luiz Alfredo R. da. S. PAULIN, "Contribuição aos estudos do contrato internacional de *know-how*", *cit.*, pp. 236-246.

[104] *Id.*, p. 237. No mesmo sentido, António Marques dos SANTOS, "Transferência internacional de tecnologia: alguns problemas gerais", *cit.*, p. 279; Juan M. FARINA, "Contratos comerciais modernos", *cit.*, p. 647; Jean-Marie DELEUZE, "Le contrat de transfert de processus technologique: know-how", *cit.*, p 75; e UNITED NATIONS INDUSTRIAL DEVELOPMENT ORGANISATION (UNIDO), "Guidelines for the acquisition of foreign technology in developing countries", *cit.*, p. 18.

tem de certa complexidade, além da que já é usual nos contratos internacionais (moeda de referência, moeda de pagamento, cláusulas de estabilização, garantias de pagamento)[105]. Isso se dá em razão das características específicas da negociação envolvendo transferência de tecnologia. Conforme explanamos[106], o transferente pode, através da transferência da tecnologia, almejar a obtenção de valor remuneratório que lhe assegure, com o menor risco possível, o financiamento de novas pesquisas tecnológicas. Em decorrência deste binômio, risco reduzido e remuneração suficiente, interessa ao transferente pactuar a remuneração certa simultaneamente com o menor prazo possível de pagamento[107]. A remuneração variável (*royalties* ou *redevances*), com o pagamento efetuado em diversas parcelas, no decurso da relação contratual, por sua vez, gera insegurança pela incerteza de seu valor e, obviamente, pelo risco de não-pagamento[108].

Por outro lado, a fixação de remuneração certa, a ser paga no momento da assinatura do contrato ou a curto prazo, motiva grande insegurança no receptor, uma vez que a transferência da tecnologia ainda não se efetivou, o que o expõe ao risco da inadimplência do transferente[109]. Deve-se considerar, ainda, que o receptor, no momento da celebração do contrato, possui apenas conhecimento superficial da tecnologia, não dispondo, portanto, de meios para mensurar exatamente a relação "custo x benefício" em sua exploração[110]. Dessa

---

[105] Sobre o assunto, v. Luiz Olavo BAPTISTA, "Dos contratos internacionais: uma visão teórica e prática", *cit.*, pp. 150-156.

[106] Ver Parte I, capítulo 1, seção 1.

[107] V. Jean-Marie DELEUZE, "Le contrat de transfert de processus technologique: know-how", *cit.*, p. 78.

[108] Cf. Luiz Olavo BAPTISTA, "Negociação de contratos internacionais de cooperação", *cit.*, pp. 564-565.

[109] *Id.*, p. 560.

[110] Ver Parte I, capítulo 1, seção 2, deste estudo.

forma, o pacto de uma remuneração fixa constitui, para ele, alto risco de prejuízo na operação[111].

É usual, na prática dos contratos em tela e no tema em questão, que os interesses do receptor prevaleçam sobre os do transferente, e, por isso, que o estabelecimento da remuneração fixa (*lump sum* ou *forfait*) constitua a hipótese menos freqüente[112]. Na prática, essa modalidade se aplica a situações bem específicas, como:

a) quando a tecnologia pode ser integral e rapidamente transferida, absorvendo-a o receptor imediatamente[113]; isso se dá, normalmente, nos casos em que a patente constitui a principal fonte da tecnologia transferida, sendo o *know-how* meramente acessório;

b) quando se verifica o risco de futura proibição de remessas ao exterior, pelo Estado do receptor[114];

c) quando se estima que a tecnologia negociada se tornará obsoleta em curto período de tempo[115].

Ilustrando essa modalidade de remuneração fixa (*lump sum* ou *forfait*), apresentamos a seguinte cláusula[116]:

En rémunération des droits concédés, de la fourniture des DOCUMENTS CONTRACTUELS et de l'assistence technique demandée par X, X versera à A une somme fixe et forfataire de 000 francs français payable comme suit:

---

[111] Cf. Guillermo CABANELLAS, "Contrato de licencia y de transferencia de tecnologia en el derecho privado", *cit.*, p. 296.

[112] STUMPF, relatando pesquisa sobre contratos entre Alemanha e Estados Unidos, em 1968, afirma que apenas 13 % dos contratos analisados previam esta forma de remuneração. V. Herbert STUMPF, "El contrato de know how", *cit.*, p. 82.

[113] Cf. UNITED NATIONS INDUSTRIAL DEVELOPMENT ORGANISATION (UNIDO), "Guidelines for the acquisition of foreign technology in developing countries", *cit.*, pp. 18-19. V, também, Alexandre KREIS, "La transmission de know-how entre entreprises industrielles", *cit.*, p. 258.

[114] Cf. António Marques dos SANTOS, "Transferência internacional de tecnologia: alguns problemas gerais", *cit.*, p. 280.

[115] Cf. Jean-Marie DELEUZE, "Le contrat de transfert de processus technologique: know-how", *cit.*, p . 78.

[116] Cf. Jacques-Henri GAUDIN, "Guide pratique de l'ingenierie des licenses et des cooperations indutrielles", *cit.*, p. 362.

a) Un versement de 000 francs français qui sera effectué dans les 30 (trente) jours suivant l'entrée en vigueur du présente accord.
b) Un versement de 000 francs français au plus tard 30 (trente) jours après la remise des DOCUMENTS CONTRACTUELS.
c) Un versement de 000 francs français dans le 30 (trente) jours suivant la réception technique en usine, chez X, du premier lot de PRODUITS CONTRACTUELS.

O que predomina, portanto, em geral, é o acerto sobre remuneração variável[117], ou, ainda, a conjugação das duas formas[118]. Nesse caso, a remuneração se compõe de uma parcela fixa e reduzida, que garante ao transferente usufruir de renda mínima proporcionada pela tecnologia e de uma parcela variável. Dessa combinação resulta a divisão, entre transferente e receptor, dos riscos do empreendimento[119].

No tocante às regalias, os contratos, para não configurarem preço indeterminado, costumam precisar o momento em que surge a pretensão do transferente à remuneração, o método de apuração, e o período de vigência da obrigação de pagar remuneração[120]. A definição de tais elementos, por sua vez, depende das particularidades do negócio concreto[121]. São freqüentes os seguintes critérios[122]:

---

[117] Seguindo a pesquisa relatada por STUMPF, tal hipótese representa 65 % dos contratos. V. Herbert STUMPF, "El contrato de know how", *cit.*, p. 81.

[118] Ver UNITED NATIONS INDUSTRIAL DEVELOPMENT ORGANISATION (UNIDO), "Guidelines for the acquisition of foreign technology in developing countries", *cit.*, p. 19.

[119] Ver Jean Marc MOUSSERON, "Technique contratuelle", *cit.*, p. 225.

[120] *Id.*, p. 226.

[121] Tomam-se em conta, então, diversos fatores, como os usos do ramo de aplicação da tecnologia (químico ou automotivo, por exemplo) e, por outro lado, o nível de interferência nas operações do receptor a ser exercido pelo transferente.

[122] Ver Guillermo CABANELLAS, "Contrato de licencia y de transferencia de tecnologia en el derecho privado", *cit.*, p. 296; Luiz Alfredo R. da S. PAULIN, "Contribuição aos estudos do contrato internacional de *know-how*", *cit.*, pp. 227-233; Herbert STUMPF, "El contrato de know how", *cit.*, pp. 80-90.

a) percentagem sobre a receita da venda (bruta ou líquida) dos produtos resultantes da transferência de tecnologia; a pretensão do transferente surge com o recebimento da receita (regime de caixa);

b) percentagem sobre o lucro obtido com a comercialização do produto; a pretensão do transferente surge com a apuração do lucro (regime de competência);

c) valor fixo por unidade produzida; a pretensão do transferente surge com a colocação do produto junto ao estoque de produtos acabados do receptor;

d) valor fixo por unidade vendida; a pretensão do transferente surge com o recebimento da receita (regime de caixa).

Apresentamos, abaixo, exemplos ilustrando as hipóteses "a" e "d", acima descritas[123]:

11. *B* concordará em pagar a *A*, pela licença para empregar seu *know-how*, uma quantia, referida como *Royalty* igual a .... % (......
por cento) do preço de venda líquida de todos os produtos vendidos e serviços prestados por *B* durante os dois primeiros anos deste contrato.
Parágrafo único: O preço de venda líquido será o de faturamento bruto da *B* dos produtos e serviços correlatos sem qualquer dedução, exceto quanto aos impostos sobre vendas e serviços correlatos sobre as faturas das vendas; impostos de transporte no embarque aos clientes; descontos comerciais ou para quantidade; e créditos concedidos para produtos desenvolvidos, até a extensão à qual estiverem pagos, concedidos e incluídos no preço de faturamento bruto.
....
El licenciatario se obliga a pagar una suma de .... por cada objeto vendido con base en la licencia.

O período de pagamento da remuneração nem sempre coincide com o período de vigência do contrato. As partes podem não só ter acordado de forma diversa, como, também, é possível outra hipótese: em diversos

---

[123] O exemplo relativo à hipótese "a" foi extraído da obra de Maria Helena DINIZ, "Tratado teórico e prático dos contratos", São Paulo, Saraiva, 1993, vol. 4, p. 27. Já o exemplo da hipótese "d" foi obtido na obra de Herbert STUMPF, "El contrato de know how", *cit.*, pp. 340-341.

países, predomina o entendimento doutrinário e jurisprudencial de que o término da validade da patente, durante o curso do contrato, reduz ou extingue a obrigação de pagamento, dependendo da relevância do *know-how*, no caso concreto[124].

A elaboração de tais cláusulas compreende, ainda, a caracterização dos controles a serem exercidos pelo transferente, para verificar a correta apuração das regalias devidas. Ele dispõe de diversas alternativas, quanto ao procedimento que adotará, inclusive modificando a complexidade do controle exercido ou conjugando as diversas formas existentes.

Assim, pode-se adotar um controle simples, como no caso em que o transferente fornece ao receptor determinadas matérias-primas, que possui com exclusividade[125] e que são imprescindíveis para a fabricação dos produtos subordinados ao emprego da tecnologia[126]. Basta que se realize a estimativa da produção do receptor, com base no volume de matéria-prima consumida. Embora esse controle possa mostrar-se eficaz quanto à regalia apurada com base no volume de produtos fabricados, é insuficiente para as demais situações, nas quais se impõe a verificação do preço do produto praticado no mercado (para efeito de apuração da receita) e os custos efetivamente havidos (no caso de apuração do lucro).

Outra forma de controle reside na prática de determinar que o receptor, quando do pagamento das regalias, forneça ao transferente relatório pormenorizado,

---

[124] Sobre o assunto, v. Guillermo CABANELLAS, "Contrato de licencia y de transferencia de tecnologia en el derecho privado", *cit.*, p. 299; e Placido SCAGLIONE e Stefano SANDRI, "Licensing: aspetti tecnico-giuridici, scelte di impresa, guida alla negoziazione e redazione degli accordi", *cit.*, p. 179.

[125] Note-se que, dependendo do caso, tal exclusividade pode ser proibida pela legislação *antitrust* aplicável.

[126] Cf. Luiz Alfredo R. da S. PAULIN, "Contribuição aos estudos do contrato internacional de *know-how*", *cit.*, pp. 228-229. Note-se que, dependendo do caso, tal exclusividade pode ser proibida pela legislação *antitrust* aplicável.

demonstrando a forma adotada para calculá-las[127]. Paralelamente, institui-se a obrigação do receptor de manter todos os registros e documentos contábeis que suportem o referido relatório ou que se relacionem, direta ou indiretamente, com a apuração das regalias[128]. Confere-se, também, direito ao transferente de realizar, por si ou por terceiros, auditoria que vise a averiguar a lisura da conduta do receptor na apuração das regalias[129]. Ilustramos, com o exemplo seguinte, a cláusula ilustrativa de tal controle[130]:

... 1. The Licensee shall maintain complete and accurate records, in conformity with sound bookkeeping and accounting practices to be consistently maintained and applied, with respect to manufacture and sale of the Products pursuant to this Agreement. Within .... (60) days after the end of each Contract Year's (calendar) quarter, the Licensee shall furnish to the Licensor a complete and accurate royalty statement with respect to net sales proceeds received by the Licensor in such quarter and pay all amounts then due to the Licensor, including with the fourth quarter royalty statement, minimum annual royalty payments which may be required by reason of section .... Each such statement shall be certified by the Licensee's chief financial officer.

... 2. The Licensee shall permit the Licensor or independent public accounts retained by the Licensor and reasonably satisfactory to the Licensee, during regular business hours (and without prior notice) to audit and make extracts of all the Licensee's applicable books and records for the purpose of verifying such statements and, if necessary, reconstructing any such statements not sent at proper times.

Pode, também, o transferente exercer controle sobre a produção ou sobre as receitas do receptor mediante uma ou mais pessoas de sua confiança, cuja função será

---

[127] Segundo STUMPF, baseado na jurisprudência sobre licença de patentes e utilizando o raciocínio analógico, a obrigação do receptor de prestar contas é implícita ao contrato de *know-how*. V. Herbert STUMPF, "El contrato de know how", *cit.*, pp. 90-91.

[128] Cf. José Manuel Oliveira ANTUNES e José António COSTA MANSO, "Relações internacionais e transferência de tecnologia - o contrato de licença", Coimbra, Almedina, 1993, p. 90.

[129] Ver Jean Marc MOUSSERON, "Technique contratuelle", *cit.*, pp. 599-600.

[130] Cf. Roger M. MILGRIM, "Milgrim on licensing", *cit.*, cap. 20, pp. 4-5.

acompanhar *in loco* as atividades do receptor[131]. Apesar de sua eficácia, essa forma de controle oferece a desvantagem do alto custo que acarreta a manutenção dos profissionais, além da dificuldade de impô-la, na prática, pela natural resistência do receptor ante a presença de um terceiro, com manifesta ingerência em suas atividades. Por tais razões, só se adota tal modalidade de controle em situações específicas, como quando o contrato internacional de transferência de tecnologia se insere no contexto da formação de uma *joint-venture.* Nessa situação, é usual a manutenção de pessoas da confiança do sócio estrangeiro (transferente), sem acarretar ônus diretos para ele, sendo, por outro lado, receptiva a conduta do sócio local (receptor), ante a interferência do outro, que normalmente assume obrigações com relação à administração de determinados setores da sociedade.

A solução de divergências, com relação à regalia paga e à que for posteriormente apurada pelo transferente, tem merecido tratamento diverso na prática contratual. Pode resultar em sanções que tanto incluem a incidência de multa e juros de mora sobre o valor em atraso, quanto a perda da exclusividade ou mesmo a rescisão do acordo, além, evidentemente, do pagamento dos valores contratualmente devidos.

Por fim, cumpre analisar a assunção do ônus tributário incidente sobre a remuneração do fornecedor da tecnologia. Com freqüência, o Estado do receptor institui imposição tributária sobre a remuneração[132], a despeito de igual pretensão impositiva pelo Estado da residência do credor (transferente), situação essa que induz à hipótese de dupla tributação internacional[133].

---

[131] Cf. Luiz Alfredo R. da S. PAULIN, "Contribuição aos estudos do contrato internacional de *know-how*", *cit.*, p. 229.

[132] Sobre a tributação no âmbito do Mercosul, ver nosso artigo "O Mercosul e a tecnologia", in *Revista dos Tribunais*, São Paulo, RT, vol. 711, 1995, p. 54.

[133] Cf. Antônio Moura BORGES, "Convenções sobre dupla tributação interna-

Caracteriza-se como tal pelo fato de que ambos os Estados submetem o transferente ao pagamento de tributos por decorrência de um único fato gerador, qual seja, a apuração de renda, pelo recebimento da remuneração[134]. Para conferir maior clareza à questão formulamos o seguinte exemplo:

Remuneração devida . . . . = $ 100
Imposto de renda na fonte
cobrado pelo Estado do receptor . . = 20 %, portanto $ 20
Saldo a pagar ao transferente . . . . . = $ 80

O valor recebido pelo transferente integra o cálculo do lucro, base de cálculo do Imposto de Renda (Pessoa Jurídica). Desta forma, haverá nova incidência de IR sobre o mesmo rendimento, desta vez imposto pelo Estado do transferente.

Prosseguimos, portanto, o exemplo:

Rendimento auferido
pelo transferente . . . . = $ 80[135]
IR sobre o lucro . . . . = 20 %, portanto $ 16
Rendimento após tributos . . . . = $ 64
Carga fiscal . . . . = 36 %

Deve-se notar que o Estado do transferente pode, de forma unilateral ou através de convenções internacionais, adotar medidas que reduzam ou eliminem o ônus da dupla tributação[136], favorecendo, por exemplo, que

---

cional", Teresina, Ed. da Universidade Federal do Piauí, 1992, p. 68; e Alberto XAVIER, "Direito tributário internacional do Brasil", cit., pp. 503-504.

[134] V. Paul DEMIN, "Le contrat de know-how", cit., pp. 97-98.

[135] Há casos em que o Estado do transferente exige o reconhecimento da receita pelo valor total devido pelo receptor, ou seja, $ 100. Neste caso, o encargo tributário é aumentado, atingindo, 40 %.

[136] Sobre as convenções internacionais para evitar dupla tributação em matéria de transferência de tecnologia, ver Alberto XAVIER, "Direito tributário internacional do Brasil", cit., pp. 506-507. Sobre a problemática em direito comparado, ver Paul DEMIN, "Le contrat de know-how", cit., pp. 31-104; Jean-Pierre LE GALL, "Fiscalité des transferts internationaux de technologie: nouvelles technologies, nouveaux modes de transfert", in Revue de Droit des Affaires Internationales, 1985, n. 5, pp. 617-634.

seja compensado o imposto pago ao Estado-fonte (crédito) mediante aquele que é devido neste Estado[137]. Dessa forma, refazendo os cálculos de nosso exemplo, teríamos:

Rendimento auferido
pelo transferente . . . . = $ 80
IR sobre o lucro . . . . = 20 % , portanto $ 16
IR, já pago, a compensar . . . . . = $ 20[138]
IR a pagar . . . . = $ 0
Rendimento após tributos . . . . = $ 80
Carga fiscal . . . . = 20 %

Todavia, o crédito outorgado pelo Estado do transferente é comumente limitado, correspondendo a uma parcela do imposto pago. Por tal razão, o transferente com freqüência exige que o receptor assuma a obrigação tributária imposta pelo Estado-fonte[139]. Na existência, porém, de qualquer benefício concedido pelo Estado do transferente (crédito compesável, por exemplo), convencionam as partes que tal benefício será concedido ao receptor. Apresentamos dois exemplos de cláusulas nesse sentido[140]:

In the event taxes are imposed upon Grantor by reason of the making of this transfer agreement, or the performance of this transfer agreement, or in any way arising in connection with this transfer agreement by the country of the Grantee, or any subdivision thereof; Grantee shall promptly reimburse Grantor for any taxes so imposed. However any such reimbursement by Grantee will be reduced by the amount of any Grantor foreign tax credit which Grantor is able to obtain for any such Grantee's country taxes.

---

[137] Cf. Antônio de Moura BORGES, "Convenções sobre dupla tributação internacional", cit., p. 100.

[138] Usualmente, o direito de compensação é limitado ao valor do tributo a ser pago neste Estado, ou a uma percentagem deste. Não poderá, portanto, ser compensado o saldo remanescente, de $ 4 no exemplo formulado.

[139] Cf. Jean-Marie DELEUZE, "Le contrat de transfert de processus technologique: know-how", cit., p. 80; e UNITED NATIONS INDUSTRIAL DEVELOPMENT ORGANISATION (UNIDO), "Guidelines for the acquisition of foreign technology in developing countries", cit., p. 21.

[140] Cf. Jean-Marie DELEUZE, "Le contrat de transfert de processus technologique: know-how", cit., p. 152.

Ou, ainda[141]:

All amounts payable by LICENSEE to LICENSOR under this Agreement are net amounts to be payable free and clear of Italian witholding duties, taxes, assesments or other levies. If any Italian tax becomes applicable and LICENSOR *notifies* LICENSEE *that it can accept such tax as a credit for U.S. tax purposes under U.S. regulations the applying*, then LICENSOR agrees that LICENSEE may deduct such tax provided that it submits promptly to LICENSOR all necessary tax receipts to support the claim.

D - Confidencialidade

Examinaremos, por fim, a obrigação das partes de manterem a *confidencialidade* sobre o *know-how* transferido. Vale repetir que não se faz necessário preservar sob segredo os conhecimentos protegidos por patente, uma vez que, para a obtenção da patente, já houve publicidade do produto e do processo, tratando-se, portanto, de informações de conhecimento geral[142]. O mesmo não ocorre com as informações, de conhecimento restrito, o *know-how*. Uma vez que não é resguardado por suficiente proteção legal, a disseminação dos conhecimentos sobre ele acarreta que tenha reduzido seu valor econômico, assim como a vantagem competitiva que proporcionaria a seu possuidor.

Na Parte I, capítulo 2, seção 2, foram tratados diversos aspectos relacionados com a confidencialidade, tais como a natureza da obrigação, seu conteúdo, a vinculação dos funcionários ao segredo, as garantias e as situações exonerativas da obrigação (informações já conhecidas, informações que caíam em domínio público, adquiridas legitimamente de terceiros, e obtidas por desenvolvimento de pesquisa própria). Tais aspectos também se aplicam à obrigação estabelecida no contrato e, por isso, não serão novamente abordados.

---

[141] Cf. Placido SCAGLIONE e Stefano SANDRI, "Licensing: aspetti tecnico-giuridici, scelte di impresa, guida alla negoziazione e redazione degli accordi", *cit.*, p. 204.

[142] Vide Parte I, capítulo 2, seção 1, deste estudo.

Cumpre, então, notar que a obrigação firmada na esfera contratual vincula tanto o receptor como o transferente. A vinculação do receptor advém do natural interesse, que tem o transferente, de preservar o bem (*know-how*) de sua titularidade[143]. Por outro lado, ao receptor também interessa a manutenção da confidencialidade por parte do transferente, a qual lhe assegura vantagem competitiva frente aos demais concorrentes, principalmente nos casos de exclusividade[144]. Ademais, estabelecendo o contrato a obrigação recíproca da transferência de melhoramentos, ambas as parte têm motivos para preservar, pela confidencialidade, aqueles que, não estando protegidos por patentes, forem transmitidos[145].

Deve-se ressaltar que a confidencialidade consiste em típica obrigação de meio[146]. Pelo vínculo que impõe, obriga-se o devedor a adotar conduta diligente, a fim de evitar a disseminação indesejada das informações; ele, contudo, não é responsável pelo resultado concreto que decorra de fatores estranhos à sua vontade e que venham a interferir na conservação do segredo[147]. Outra não poderia ser a conclusão, uma vez que o próprio detentor do *know-how* (transferente) não dispõe de meios que lhe garantam a proteção absoluta de tais informações. Assim, uma vez que não pode assumir compromisso maior com o receptor, a não ser o de atuar diligentemente, não há como exigir que este assuma o

---

[143] Sobre o assunto ver Parte I, capítulo 1, seção 1.

[144] Cf. Roger M. MILGRIM, "Milgrim on licensing", *cit.*, cap. 25, p. 7.

[145] Cf. UNITED NATIONS INDUSTRIAL DEVELOPMENT ORGANIZATION (UNIDO), "Guide to guarantee and warranty provisions in transfer-of-technology transactions", *cit.*, p. 17. Ver, também, comentários de Jean-Marie DELEUZE, "Le contrat de transfert de processus technologique: know-how", *cit.*, pp. 69-70.

[146] Neste sentido, ver Evadren A. FLAIBAM, "Cláusulas de confidencialidade", in *Atualidades Jurídicas*, São Paulo, Câmara de Comércio França-Brasil, n. 32, 1992, pp. 4-5; e Luiz Alfredo R. da S. PAULIN, "Contribuição aos estudos do contrato internacional de *know-how*", *cit.*, pp. 210-214.

[147] Ver Fábio Konder COMPARATO, "Obrigações de meio, resultado e de garantia", *cit.*, p. 33.

risco da obtenção do resultado[148]. Apresentamos o seguinte exemplo de cláusula de confidencialidade[149]:

All proprietary information disclosed by one party to the other and marked as confidential or proprietary shall be treated as confidential and not disclosed or transferred by the recepient to third parties, other than the recepient's agents and emplyees who need to know this information to serve the recepient and who are obligated to treat this information as confidential.
In addition, Licensee acknolowdges that the Base Technology and New Developments of Supplier constitute trade secrets and proprietary properties of Supplier and agrees not to disclose or transfer such information or materials (or any copy or counterpart) to any third person, nor use them in any manner except pursuant to this Agreement; and Licensee shall take the more stringent of reasonables measures, and the measures it uses to protect its own comparable information and material, to prevent this transfer and use, including without limitation restricting access to its employees who require access to serve Licensee and who are obligated to treat such information as confidential.
The foregoing non-disclosure provisions shall not apply to any information that is or becomes part of the public domain whithout breach of any obligation to the party owning such information.

Seção 2
Cláusulas Usuais

A - Termo Inicial

Usualmente, os contratos têm seu *termo inicial* quando da ocorrência de sua celebração. Tal prática, todavia, não alcança todos os contratos internacionais de transferência de tecnologia. Isso, porque a intervenção do Estado na regulamentação dos referidos contratos impõe, geralmente, a obrigação do registro prévio do contrato junto a uma autoridade administrativa[150]. A

---

[148] Cf. Luiz Alfredo R. da S. PAULIN, "Contribuição aos estudos do contrato internacional de *know-how*", *cit.*, p. 214.

[149] Cf. Howard G. ZAHAROFF, "International licensing agreements", *cit.*, cap. 16, pp. 13-14.

[150] Vide Parte I, capítulo 3, seção 1, deste estudo.

ausência do registro, como já foi assinalado, acarreta diversas conseqüências segundo a lei aplicável ao contrato. Em determinados países, onde o referido registro consiste em mera formalidade ou sua falta não importa sérias conseqüências para o contrato, essas cláusulas adotam a fórmula usual de fixação do termo inicial de maneira concomitante à celebração do contrato. Contudo, a ausência de tal registro pode acarretar efeitos prejudiciais aos interesses de ambas as partes, como a falta de eficácia do contrato ou a proibição da remessa de remuneração para o exterior, com variações que são determinadas pelo ordenamento jurídico aplicável ao caso concreto.

É, conseqüentemente, comum nesses casos seja instituída uma condição suspensiva da eficácia do contrato, até que se realize o devido registro. O termo inicial, portanto, ocorrerá após a comunicação do referido registro. Apresentamos o seguinte exemplo[151]:

Le présent Contrat n'entrera en vigueur qu'après:
1. signature par chacune des parties;
2. notification par chacune parties à l'autre que le présent Contrat a été approuvé par son Conseil d'Administration;
3. notification par le Concédant au Licencié que tous les agréments nécessaires ont été obtenus des Autorités Gouvernementales du pays du Concédant;
4. notification par le Licencié au Concédant que tous les agréments nécessaires ont été obtenus des Autorités Gouvernementales du pays du Licencié, notamment pour le paiement en France des redevances dues par le Licencié.
La DATE D'ENTRÉE EN VIGUEUR sera la date à laquelle interviendra le dernier de ces événements.

B - Extinção

No estudo das cláusulas relacionadas com a *extinção* do contrato analisaremos, primeiramente, o momento de sua ocorrência e, após, suas conseqüências:

---

[151] Cf. Jacques-Henri GAUDIN, "Guide pratique de l'ingenierie des licenses et des cooperations indutrielles", *cit.*, p. 365.

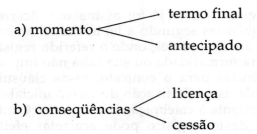

O termo final do contrato pode estar previsto, ou não, em seu próprio texto. No primeiro caso, não há maiores dificuldades; porém, em se tratando de termo final indeterminado, cumpre identificar o momento em que deverá ocorrer, caso não haja denúncia do mesmo por qualquer das partes. Com relação às patentes, a doutrina é consensual no sentido de que o contrato tem seu termo final coincidente com o fim da proteção legal concedida à patente[152]. Já o termo final em relação ao *know-how*, entende-se que sucede no instante em que este cai em domínio público[153]. Ressalte-se a possibilidade, no caso concreto, de ser difícil a identificação do exato momento em que o conhecimento passa ao domínio público. Em se tratando de contrato que versa simultaneamente sobre patente e *know-how*, a dificuldade se mostra ainda maior. Há que se verificar, no caso específico, a importância individual do *know-how* e da patente na composição da tecnologia, para que se possa constatar uma das seguintes conseqüências:

---

[152] Neste sentido, Guillermo CABANELLAS, "Contrato de licencia y de transferencia de tecnologia en el derecho privado", *cit.*, p. 347; Placido SCAGLIONE e Stefano SANDRI, "Licensing: aspetti tecnico-giuridici, scelte di impresa, guida alla negoziazione e redazione degli accordi", *cit.*, p. 227; e Herbert STUMPF, "El contrato de know how", *cit.*, p. 157.

[153] Cf. NAÇÕES UNIDAS, "Guide sur la rédaction de contrats portant sur le transfert international de know-how (savoir-faire) dans l'industrie mécanique", *cit.*, p. 33; e Roger M. MILGRIM, "Milgrim on licensing", *cit.*, cap. 27, pp. 16-17.

a) extinção do contrato por ocorrência do termo final; ou

b) manutenção da vigência do contrato, com eventual redução da remuneração.

Em razão da complexidade dessa situação, os contratos geralmente estabelecem expressamente o termo final de sua vigência.

Apresentamos, abaixo, exemplo de cláusula definindo o termo final de vigência do contrato como sendo a data em que expira a validade da última patente[154]:

This Agreement shall remain in effect until the expiration of the Patent which last expires, unless terminated sooner as permitted in this Section 12.

No tocante à extinção antecipada do contrato, temos que ela ocorre, geralmente, em decorrência do inadimplemento de determinadas obrigações por uma das partes[155] ou pela interveniência de evento que caracterize o descumprimento por força maior. Nesses casos, as circunstâncias da situação concreta e a legislação aplicável constituem-se em instrumentos fundamentais para que sejam definidos os efeitos da extinção do contrato e, se for aplicável, a extensão da indenização à parte prejudicada[156]. Apresentamos um exemplo de cláusula que prevê o término antecipado do contrato e que também expressa a relevância do sigilo para o transferente[157]:

9.1. The Licensor shall have the right to terminate this agreement on three months prior written notice in the event of the following:

9.1.1. If the Licensee commits a material or continuous breach of this agreement.

---

[154] Cf. Howard G. ZAHAROFF, "International licensing agreements", *cit.*, p. b-15. Note-se que o contrato englobava, também, a transferência de *know-how*.

[155] Cf. Humberto THEODORO JR, "O contrato e seus princípios", *cit.*, p. 132.

[156] Cf. Herbert STUMPF, "El contrato de know how", *cit.*, p. 160.

[157] Cf. Mark ABELL, "Know-how licensing in the european communities", *cit.*, p. b-16.

9.1.2. The Licensee contests the Secrecy of the Know-How, the Licensor shall have the right to terminate this agreement without notice.

Quanto aos efeitos jurídicos da extinção do contrato sob estudo, há que se analisar separadamente os contratos de cessão daqueles de licença de exploração da tecnologia[158]. Em se tratando de cessão, o receptor, titular dos direitos sobre a tecnologia, em geral não sofre qualquer restrição à continuidade de sua exploração, por ação do transferente, extinguindo-se a obrigação de pagamento de remuneração como contrapartida da transferência de tecnologia.

Com relação às obrigações acessórias, se não houver disposição expressa que preveja sua vigência após o término do contrato, elas também se extinguem[159]. É importante ressaltar que as partes podem ter motivos para manter determinadas obrigações. Ao receptor, por exemplo, interessa a manutenção da confidencialidade do *know-how* por parte do transferente, após a extinção do contrato, como forma de preservar o valor econômico e a vantagem competitiva conferida pela exploração da tecnologia. Vejamos uma cláusula ilustrativa da obrigação de manutenção do segredo após o término contratual[160]:

Les droits et obligations, tels que décrits au présent contrat, concernant la conservation de la comptabilité, les informations confidentielles et les droits de propriété intellectuelle ou industrielle demeureront en vigueur après l'expiration ou la résiliation du présent contrat quelle qu'en soit la cause et lieront les parties et leurs représentants, successeurs, hèritiers et ayants-droit pour une durée de ....

---

[158] Sobre a distinção entre cessão e licença, ver capítulo 1, seção 1, "a", desta Parte do presente estudo.

[159] Cf. Guillermo CABANELLAS, "Contrato de licencia y de transferencia de tecnologia en el derecho privado", *cit.*, p. 350.

[160] Cf. Jean Marc MOUSSERON, "Technique contratuelle", *cit.*, p. 513.

No tocante à licença da tecnologia, a questão se coloca diversamente. Após a extinção do contrato, o receptor fica obrigado a não mais explorá-la[161], e a restituir todos os documentos e outros suportes físicos da referida tecnologia ao transferente[162]. Essa cláusula pode ter a seguinte configuração[163]:

A l'expiration anticipée, normale ou prorogée du présent contrat, le Preneur s'interdit de continuer à faire usage du processus technologique communiqué ou de laisser continuer cette activité par des tiers. Il s'engage dès cettes expiration à restituer .... (indication d'un délai) les divers matériels ainsi que la documentation reçue du Fournisseur sans pouvoir en conserver des reproductions, copies ou photocopies.

Fica, também, o receptor obrigado a manter a confidencialidade sobre o *know-how* por prazo determinado, ou até que ele venha a cair sob domínio público[164]. É usual regulamentar-se, também, o direito do receptor de cumprir as obrigações já assumidas com terceiros[165], incluindo-se tais operações no cômputo da remuneração devida ao transferente. Apresentamos uma cláusula ilustrativa de tal regulamentação[166]:

1. Moyennant le versement des redevances correspondantes, le Licencié aura le droit de vendre les PRODUITS CONTRACTUELS, qu'il aura fabriqués ou qu'il aura en cours de fabrication ou en commande à la date d'expiration ou de résilition du Contrat. A l'une ou l'autre de ces dates, suivant le cas, le Licencié devra fournir au Concédant l'état de ses stocks, de ses fabrications en cours et de son carnet de commandes de PRODUITS CONTRACTUELS, pour apurements des comptes.

---

[161] Segundo Carlos CORREA, nem todos os Estados admitem como válida tal disposição contratual. Ver Carlos M. CORREA, "Legal nature and contratual conditions in know-how transactions", *cit.*, pp. 487-491.

[162] Cf. Herbert STUMPF, "El contrato de know how", *cit.*, p. 162.

[163] Ver Jean-Marie DELEUZE, "Le contrat de transfert de processus technologique: know-how", *cit.*, p. 188.

[164] Vide o exemplo de manutenção do segredo após o término do contrato, no caso de contrato de cessão.

[165] Cf. Herbert STUMPF, "El contrato de know how", *cit.*, p. 163.

[166] Cf. Jacques-Henri GAUDIN, "Guide pratique de l'ingenierie des licenses et des cooperations indutrielles", *cit.*, p. 371.

Le Licencié devra s'acquitter de toutes les redevances dues au titre du présent Contrat au plus tard 000 jours après ladite date d'expiration ou de résiliation.

2. Le droit du Concédant de vérifier le registre spécial et les éléments de comptabilité générale auxquels celui-ce se réfère restara en vigueur jusqu'à ce que le Licencié ait déclaré qu'il a payé au Concédant toutes les redevances dues à celui-ci et que le Concédant ait vérifié les comptes du Licencié et reconnu que toutes les redevances dues avaient été payées. Ce droit est limité à une période de 000 mois suivant ladite déclaration du Licencié.

C - Lei Aplicável

De modo geral, a eleição da lei aplicável para regular, quanto à matéria de fundo, os contratos internacionais compete às próprias partes[167], como ressalta o professor Luiz Olavo Baptista[168]:

"O direito das partes num contrato internacional de escolher a lei aplicável ao mesmo, aceito quase universalmente, como se disse, pelas diversas legislações, é reconhecido também por tribunais arbitrais."

Assim ocorre, por exemplo, na França, Alemanha, Itália, Bélgica, Países Baixos, Luxemburgo e Portugal[169]. No Brasil, excepcionalmente, a Lei de Introdução ao Código Civil determina, em seu artigo 9º, a aplicação da

---

[167] Partimos da premissa da inexistência de um contrato desvinculado ao menos um sistema jurídico positivo. V. Yvon LOUSSOUARN e Jean-Denis BREDIN, "Droit du commerce international", Paris, Sirey, 1969, pp. 602-604.

[168] Cf. Luiz Olavo BAPTISTA, "Dos contratos internacionais: uma visão teórica e prática", cit., p. 46. Ver, também, Maristella BASSO, "A autonomia da vontade nos contratos internacionais do comércio", in Direito e comércio internacional: tendências e perspectivas, São Paulo, LTR, 1994, p. 49. No mesmo sentido, Henry LESGUILLONS, a propósito do artigo 9º da Convenção de Roma de 19/06/80, afirma que o princípio da autonomia da vontade na eleição da lei aplicável é consagrado "no direito codificado, na jurisprudência e prática costumeira". Cf. Henry LESGUILLONS, "A Convenção de Roma de 19 de junho de 1980 sobre a lei aplicável às obrigações contratuais", in Direito e comércio internacional: tendências e perspectivas, São Paulo, LTR, 1994, p. 177.

[169] Cf. Maristella BASSO, "A autonomia da vontade nos contratos internacionais do comércio", cit., pp. 45-47.

lex loci contractus para reger a substância ou fundo contratual[170].

A aplicação da lei escolhida pelas partes para regular o contrato está, porém, sujeita a restrições. Em se tratando especificamente dos contratos internacionais de transferência de tecnologia, como já abordamos[171], a aplicação da lei estrangeira encontra, usualmente, obstáculo na ordem pública do país do foro ou do país do receptor[172]. A restrição imposta pelo princípio da ordem pública, porém, não abrange, em geral, todo o contrato, mas apenas impede a aplicação da lei estrangeira na matéria específica com a qual esta se confronta[173]. Persiste, portanto, a aplicação da lei estrangeira nas demais disposições contratuais não afetadas.

Além das restrições impostas pela ordem pública, há regras territoriais de aplicação imediata, que impedem a aplicação das regras de conexão, como as que regulam os aspectos de existência, validade e extensão das patentes. Loussouarn e Bredin[174] afirmam que, em razão da territorialidade da legislação sobre propriedade industrial, não há como afastar a aplicação da lei do Estado em que a proteção é concedida (*lex loci protectionis*):

---

[170] Cf. João Grandino RODAS, "Elementos de conexão do direito internacional privado brasileiro relativamente às obrigações contratuais", in *Contratos internacionais*, 2a edição, São Paulo, RT, 1995, p. 44. A questão não é pacífica entre os doutrinadores. Ver Irineu STRENGER, "Autonomia da vontade em direito internacional privado", São Paulo, RT, 1968; "Contratos internacionais do comércio", 2a edição, São Paulo, RT, 1992, pp. 109-112; e Luiz Olavo BAPTISTA, "Dos contratos internacionais: uma visão teórica e prática", *cit.*, pp. 29-44.

[171] Ver Parte I, capítulo 2, seção 1, deste estudo.

[172] Ver Cláudia Lima MARQUES, "Transferencia de tecnología", *cit.*, p. 195.

[173] Cf. Stanislaw SOLTYSINSKLI, "Choice of law and choice of forum in international transfer of technology transactions", in *Recueil des Cours de l'Academie de Droit International*, Haia, Martinus Nijhoff, 1987, t. 196, p. 259.

[174] Cf. Yvon LOUSSOUARN e Jean-Denis BREDIN, "Droit du commerce international", *cit.*, p. 205.

"Dans tous pays qui assurent la protection du droit de l'inventeur, l'octroi d'une telle prérrogative est une concession de l'Etat, et nécessite l'intervention d'un service public. Cette observation entraîne une conséquence fondamentale quant à la loi applicable. Elle impose en effet la territorialité du droit, et entraîne la compétence inéluctable de la loi de l'Etat que a accordé le brevet, car il est inconcevable que le fonctionnement d'un service public (et l'intervention qui est la sienne) puissent relever d'une loi étrangère."

Outrossim, alguns dos países em via de desenvolvimento, essencialmente "importadores" de tecnologia, utilizam-se das leis de polícia para impedir a aplicação da regra de conexão do direito internacional privado, impondo sua própria legislação para reger o inteiro teor do contrato. Segundo Soltysinski, essa imposição da legislação nacional se dá através das seguintes formas[175]:

"(a) Rules of reference according to which, in principle, transfer of technology transactions shall be governed by the law of the host country;
(b) Rules requiring that such contracts shall contain a clause making the law of the host country applicable to the transactions;
(c) Rules prohibiting registration and/or approval of contracts which subject them totally or partially to foreign laws;
(d) Regulations which do not include explicit rules on the choice of law but give national controlling authorities the power to subject transfer of technology transactions to the host country domestic law by, for instance, refusing to approve transactions which include the choice of a foreign law or approving a given contract while subjecting it *ex officio*,

---

[175] Cf. Stanislaw SOLTYSINSKLI, "Choice of law and choice of forum in international transfer of technology transactions", *cit.*, pp.. 262-263.

on the basis of an administrative decision, to the exclusive jurisdiction of the local law"

Dessa forma, quando da celebração do contrato, há que se observar o grau de intervenção dos Estados a cujos sistemas jurídicos ele se vincula, para conhecer as regras de fundo impostas por tais sistemas, pois tal conhecimento definirá a amplitude da autonomia das partes na escolha da legislação para reger o contrato.

A despeito das questões acima referidas, a redação dessas cláusulas não difere das que em geral se adotam nos demais contratos internacionais. Apresentamos um exemplo de sujeição integral do contrato a uma única legislação[176]:

This Agreement and all the terms and provisions and conditions of this Agreement and all questions of construction validity and performance hereunder shall be governed by English law and both parties hereby submit to the non exclusive jurisdiction of the English courts.

---

[176] Cf. Mark ABELL, "Know-How licensing in the european communities", *cit.*, p. b-18.

Conclusão

O presente estudo objetivou investigar o contrato internacional de transferência de tecnologia, composta tanto por patentes como por *know-how*. Foram enfocados os principais aspectos jurídicos das tratativas e das cláusulas contratuais usualmente encontradas na prática internacional, podendo o exposto ser resumido na seguinte figura :

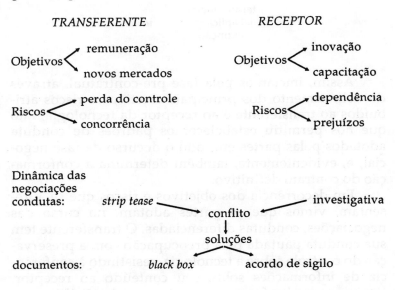

Limites:

ordem interna :	normas cogentes / controle na formação e execução dos contratos / controle nas remessas de remuneração
ordem internacional :	principais tratados e convenções internacionais OMPI / TRIPS / MERCOSUL / NAFTA / UE

Contrato:

objeto, definição da tecnologia, garantias de resultado
melhoramentos, território, sublicenciamento   *centrais*
assistência técnica, exploração mínima

exclusividade, remuneração
licença mais favorecida   *complementares*
confidencialidade

termo inicial
lei aplicável   *usuais*
extinção

Assim, iniciamos pela fase pré-contratual, através do delineamento dos principais objetivos e riscos atribuídos ao transferente e ao receptor da tecnologia, fato que nos permitiu estabelecer os padrões de conduta adotados pelas partes em todo o decurso da fase negocial, e, evidentemente, também determina a conformação do contrato definitivo.

Em decorrência dos objetivos e riscos que se apresentam, vimos que as partes adotam, no curso das negociações, condutas diferenciadas. O transferente tem sua conduta pautada pela preocupação com a preservação do controle sobre a tecnologia, resistindo à conferência de informações sobre seu conteúdo ao receptor. Porém, necessita fomentar o interesse deste último na consecução do negócio, e conhecer suas capacidades técnica, comercial, administrativa e financeira. Este comportamento ambíguo, pois o transferente busca dar ao receptor apenas conhecimentos superficiais da tecnologia, protegendo seu conteúdo mais valioso, pode ser sintetizado no termo *strip tease*.

Por outro lado, o receptor adota uma conduta investigativa, visando a conhecer o máximo possível do conteúdo da tecnologia com a finalidade de avaliar se a mesma é apropriada para alcançar a inovação e a capacitação tecnológica desejadas. Procura, também, obter informações sobre a capacidade técnica do transferente, sua experiência em operações similares, e dados como a imagem deste no mercado e solidez financeira.

Assim, instaura-se o conflito de interesses em torno das informações a serem trocadas na fase negocial.

A fim de superar o referido conflito, identificamos duas abordagens distintas. Na primeira hipótese, as partes celebram um acordo de confidencialidade e trocam informações sobre os pontos relevantes para a negociação, como conteúdo da tecnologia, capacidade financeira e comercial. Na segunda hipótese (*black box*), as partes estabelecem, precisa e objetivamente, os resultados técnicos a serem obtidos com a exploração da tecnologia, dando o transferente a garantia de obtenção de tais resultados.

Na prática, essas formas são empregadas conjugadamente, dando-se preponderância a uma ou à outra, conforme as particularidades de cada caso, onde influenciam fatores como experiências anteriores e grau de confiança recíproca. Estudamos o acordo de confidencialidade e o documento elaborado no contexto da abordagem *black box* quanto à sua natureza, conteúdo e alcance jurídicos, apresentando exemplos ilustrativos sobre a sua conformação na prática internacional.

Superado esse conflito, as partes podem ou não chegar a um resultado positivo. Em caso de sucesso das negociações, as partes devem atentar aos limites jurídicos impostos à autonomia das partes na regulamentação de seus interesses, tanto pela ordem interna como pela ordem internacional, a fim de evitar a conclusão de um contrato nulo ou inválido.

Vimos que, no âmbito interno, o Estado intervém nos contratos internacionais de transferência de tecnologia por razões de diversas naturezas (política, econômica e de proteção dos interesses do cidadão nacional), e através de formas variadas: estabelecimento de normas cogentes regulando o conteúdo do contrato, e que são informadas pela ordem pública, principalmente nos países "importadores" de tecnologia; controle da formação e execução dos contratos através de autoridades administrativas, como o INPI, no caso brasileiro; e controle da remessa da remuneração para outros países, usualmente exercido pelos bancos centrais.

Na esfera internacional, vimos que a intervenção nesses contratos geralmente se dá através da celebração de tratados ou convenções objetivando, principalmente, o incremento da legislações nacionais sobre propriedade industrial, e a regulamentação da livre concorrência no âmbito dos mecanismos regionais de integração econômica. Neste contexto, abordamos as principais instâncias internacionais onde tal questão se propõe: OMPI, TRIPS, MERCOSUL, NAFTA e UE.

Uma vez definidos os limites propostos ao negócio jurídico a ser concluído, as partes debruçam-se sobre a redação do contrato. Assim, identificamos e sistematizamos as principais cláusulas desse contrato através de uma nova classificação, que visa a permitir um melhor entendimento da matéria. Partindo da questão central do contrato, qual seja, a transferência de tecnologia, estudamos as cláusulas "centrais" analisando, a partir de exemplos práticos, seu teor e alcance jurídicos das seguintes cláusulas: objeto, definição da tecnologia, garantias de resultado, melhoramentos, território, sublicenciamento, assistência técnica e exploração mínima.

Em seguida, abordamos as cláusulas "complementares": exclusividade, remuneração, licença mais favorecida e confidencialidade. Por fim, estudamos, também, algumas cláusulas "usuais" aos contratos internacionais, que apresentam particularidades no contrato objeto deste estudo. São elas: termo inicial, extinção e lei aplicável.

Não buscaremos, aqui, resumir o que foi discutido em cada cláusula examinada, pois tal fato poderia induzir em erro os leitores, em razão da superficialidade a que seríamos obrigados, excluindo da nossa análise as particularidades de cada obrigação. Sendo notório que, no que se relaciona aos contratos, os detalhes são fundamentais, uma síntese poderia constituir uma falso instrumento de apoio. Antes, preferimos alertar o leitor sobre a complexidade desses contratos em virtude dos contornos específicos da tecnologia (*know-how* e patente). A primazia da aplicação dessa forma pela prática internacional dos fluxos de tecnologia denota, por sua vez, a importância da preparação das pessoas responsáveis pela negociação e conclusão desses contratos, bem como do minucioso planejamento de cada operação.

Bibliografia

ANTUNES, José Manuel Oliveira e COSTA MANSO, José António. *Relações internacionais e transferência de tecnologia - o contrato de licença*. Coimbra: Almedina, 1993.

AZÕA, Daniel E. Real. *O neoprotecionismo e o comércio exterior*. São Paulo: Aduaneiras, 1986.

BARBIERI, J. C., *Produção e transferência de tecnologia*. São Paulo: Ática, 1990, vol. 1.

BARBOSA, Denis Borges. *Tributação da propriedade industrial e do comércio de tecnologia*. São Paulo: RT, 1984.

BAPTISTA, Luis Olavo. *Aspectos jurídicos das transferências internacionais de fundos*, São Paulo, tese de livre-docência, Faculdade de Direito da Universidade de São Paulo, 1986.

—— et Magalhães, José Carlos de. *Arbitragem comercial*. Rio de Janeiro: Freitas Bastos, 1986.

——. *Empresa transnacional e direito*. São Paulo: RT, 1987.

—— et DURAND-BARTHEZ, Pascal. *Les associations d'entreprises (joint ventures) dans les commerce international*, 2. ed. Paris: Feduci, 1991.

—— et RIOS, Anibal Sierralta. *Aspectos jurídicos del comercio internacional*, 2. ed. Lima: IRDI, 1993.

——. *Dos contratos internacionais: uma visão teórica e prática*. São Paulo: Saraiva, 1994.

BASSO, Maristela. *Contratos internacionais do comércio: negociação; conclusão; e prática*. Porto Alegre: Livraria do Advogado, 1994.

BASTOS, Celso Ribeiro et KISS, Eduardo A. G.. *Contratos Internacionais*. São Paulo: Saraiva, 1990.

BATTIFOL, Henri et LAGARDE, Paul. *Droit international privé*. Paris: Libraire Génerale de Droit et Jurisprudence, 1970, vols. 1 e 2

BEHRMAN, Jack N. et alii. *Codes of conduct for the transfer of technologie: A critique*. New York: Conselho das Américas, 1976.

BERALDI, Roberto Mario. *El derecho de la propiedad industrial y el MERCOSUR*. Buenos Aires: Abeledo-Perrot, 1992.

BEVILAQUA, Clovis. *Princípios elementares de direito internacional privado*, 2a edição. Rio de Janeiro: Freitas Bastos, 1934.

BIZEC, René-Francois. *Les transferts de technologie*. Paris: Press Universitaires de Frances, 1981.

BLACK, Trevor. *Intellectual property in industry*. Londres: Butterworths, 1989.

BLOXAM, G. *Licenzing rights in technology*. Londres: Grover Press, s.d.

BORGES, Antônio de Moura. *Convenções sobre dupla tributação internacional*. Teresina: Ed. da Universidade Federal do Piauí, 1992.

BOUTAT, Alain. *Relations technologiques internationales - mécanismes e enjeux*. Lyon: Presses Universitaires de Lyon, 1991.

CABANELLAS, Guillermo. *Contrato de licencia y de transferencia de tecnologia en el derecho privado*. Buenos Aires: Heliasta, 1980.

———. *Regimen jurídico de los conocimientos técnicos. Know how y secretos comerciales e industriales*. Buenos Aires: Editorial Heliasta S.R.L, 1984.

CAHIERS DE DROIT FISCAL INTERNATIONAL. *Le régime fiscal des importations e des exportations de connaissances techiniques-savoir faire, brevets et autres droits incorporels e assistance technique*, XXIX Congrès International de Droit Financier et Fiscal, Rotterdam, International Fiscal Association, 1975.

CARVALHO DE MENDONÇA, J. X. *Tratado de direito comercial brasileiro*, 6. ed. Rio de Janeiro: Freitas Bastos, 1959, vol. 5.

CERQUEIRA, João da Gama. *Tratado da Propriedade Industrial*, 2a edição. São Paulo: RT, 1982, vol. 1.

COLEMAN, Allison. *The legal protection of trade secrets*. Londres: Sweet & Maxwell, 1992.

CORREA, Carlos et alii. *Draft international code of conduct on the transfer of technologie*, s. l., UNCTAD, 1988.

COSTA, Carlos Jorge Sampaio. *O código de conduta das empresas transnacionais*. Rio de Janeiro: Forense, 1984.

CUNHA GONÇALVES, Luiz. *Tratado de direito civil*, 2. ed. São Paulo: Max Limonad, 1958, vol. 4, t. 2.

DELEUZE, Jean-Marie. *Le contrat de transfert de processus technologique (know how)*, 2. ed. Paris: Masson, 1979.

DEMIN, Paul. *Le contrat de know-how*. Bruxelas: Émile Bruylant, 1968.

DIENER, Michelle. *Contrats internationaux de proprieté industrielle*. Bordeaux: Litec, 1986.

DINIZ, Maria Helena. *Tratado teórico e prático dos contratos*. São Paulo: Saraiva, 1993, vol. 4.

DOLINGER, Jacob. *A evolução da ordem pública no direito internacional privado*. Rio de Janeiro, tese de titularidade, Faculdade de Direito da Universidade do Estado do Rio de Janeiro, 1979.

———. *Direito internacional privado*. 2. ed. Rio de Janeiro: Renovar, 1993.

DÓRIA, Oswaldo C. *Royalties*. São Paulo: O Livreiro, 1961.

ECO, Umberto. *Como se faz uma tese*. São Paulo: Perspectiva, 1991.

FARINA, Juan M. *Contratos comerciales modernos*. Buenos Aires: Astrea, 1993.

FARJAT, Gerard et alii. *El derecho y las nuevas tecnologias*. Buenos Aires: Depalma, 1990.

FEENBERG, Andrew. *Critical theory of technology*. New York, Oxford: Oxford University Press, 1991.

FERREIRA ALVES, Jorge de Jesus. *Direito da concorrência nas comunidades européias*, 2. ed. Coimbra: Coimbra, 1992.

FIGUEIRA BARBOSA, A. L. *Propriedade e quase-propriedade no comércio de tecnologia*, s.l., CET-SUP-CNPQ, s.d..

FOGLIO, Antonio. *Il commercio estero delle tecnologie, dei proggeti industriali e dei know-how*. Milão: FrancoAngeli/Azienda moderna, 1992.

FRIGNANI, Aldo. *Factoring, leasing, franchising, venture capital, leveraged buyout, hardship clause, countertrade, cash and carry, merchandising, know-how*, 5. ed. Torino: G. Giappichelli, 1993.

GARCIA, Hector A. *Los temas nuevos en la ronda Uruguay de acuerdo general sobre arranceles aduaneros y comercio (GATT): un intento de respuesta a las posiciones de los paises industrializados*, s. l., CEPAL, LC/R.867, 1990.

GAUDIN, Jacques-Henri. *Stratégie et negotiation de transferts de techniques: accords de licence, d'assistence techniques et coopération industrielles*. Paris: Moniteur, 1982.

———. *Guide pratique de l'ingénierie des licenses et des coopérations indutrielles*. Paris: Litec, 1993.

GENERAL AGREEMENT ON TARIFFS AND TRADE, *The results of the Uruguay Round of multilateral trade negotiations*. Genebra: GATT, 1994.

GOMES, Orlando. *Contratos*. 2. ed. Rio de Janeiro: Forense, 1966.

GOULENE, Alain. *La problematique du transfert de technologie au Brèsil sous langle du droit économique international*. Nice: Université de Nice, 1991.

GRUBB, Philip W. *Patents in Chemistry and Biotechnology*. Oxford: Claredon Press, 1986.

GUERREIRO, José Alexandre Tavares. *Fundamentos da arbitragem do comércio internacional*. São Paulo: Saraiva, 1993.

GUTTUSO, Sebastiano et PAPPALARDO, Aurelio. *La disciplina comunitaria delle licenze di know-how*. Milão: FrancoAngeli, 1991.

JEHL, Joseph. *Le commerce international de la technologie - approche juridique*. Paris: Librairies Techniques Paris, 1985.

KLEIN, H. D. *Transfert de technologie et développment*, s.l., Clunet, 1976.

KORAH, Valentine. *Patent licensing and EEC competition rules: regulation 2349/84*. Oxford: ESC, 1985.

KRAUS, John. *Les négociations du GATT: comprendre les résultats de l'Uruguay Round*. Paris: Chambre de Commerce Internationale, 1994.

KREIS, Alexandre. *La transmission de know-how entre entreprise industrielles*. Paris: Litec, 1987.

LAFER, Celso. *Comércio e relações internacionais*. São Paulo: Perspectiva, 1977.

LAMPREIA, Luiz Felipe Palmeira. *O Brasil e a nova organização internacional do comércio: resultados da Rodada Uruguai*. São Paulo: texto apresentado em conferência no Instituto de Estudos Avançados da USP, s.e., 25/05/1994.

LEITE, Eduardo de Oliveira. *A monografia jurídica*. 2. ed. Porto Alegre: Sérgio Antonio Fabris Ed., 1987.

LESGUILLONS, Henry. *Contrats internationaux*. Paris: Lamy, 1987, vol. 5.

LOUSSOUARN, Yvon e BREDIN, Jean-Denis. *Droit du commerce international*. Paris: Sirey, 1969.

MAGALHÃES, José Carlos de. *Do estado na arbitragem privada*. São Paulo: Max Limonad, 1988.

MANSFIELD, Edwin. et alii. *Technology transfer, productivity and economic policy*. New York: Norton & Company, 1982.

MELLO, Celso D. de Albuquerque. *Direito Internacional Econômico*. Rio de Janeiro: Renovar, 1993.

MERCADAL, Barthélémy et JANIN, Philippe. *Les contrats de coopération inter-entreprises*. Paris: Editions Juridiques Lefebvre, 1974.

MILGRIM, Roger M. *Milgrim on licensing*. New York: Mathew Bender, 1994.

MILLER, Arthur et DAVIS, Michael H. *Intellectual property*. 2. ed. St. Paul: West Publishing Co., 1990.

MOUSSERON, Jean Marc. *Technique contratuelle*. Paris: Editions Juridiques Lefebvre, 1988.

NAÇÕES UNIDAS. *O papel do sistema de patentes na transferência de tecnologia aos países em desenvolvimento*. Rio de Janeiro: Forense Universitária, TD/B/AC 11/19/REV. 1, 1979.

——. *Transfer and development of technology in developing countries: a compendium of policy issues*. Nova York: Nações Unidas, UNCTAD/ITP/TEC 4, 1990.

OKOLIE, C. *Legal aspects of international transfer of technology to developing country*. New York: s. e., 1975.

ORGANISATION FOR ECONOMIC CO-OPERATION AND DEVELOPMENT (OECD). *Restrictive business practices relating to patents and licenses*. Paris: OECD, 1973.

PANICO, Ruggiero Cafari. *Il transferimento internazionale di know-how*. Milão: Giuffrè, 1985.

PAULIN, Luiz Alfredo R. da S. *Contribuição ao estudo dos contratos internacionais de know-how*. São Paulo: tese de doutoramento, Faculdade de Direito da Universidade de São Paulo, 1994.

PETRONI, Giorgio. *Tecnologia e impresa*. Padova: CEDAM, 1984.

PORTER, Michael E. *Técnicas para análise de indústrias e da concorrência*. Rio de Janeiro: Campus, 1986.

RATTI, Bruno. *Comércio internacional e câmbio*. 5. ed. São Paulo: Aduaneiras, 1985.

RATTNER, Heinrich. *Inovação tecnológica e crescimento Econômico*. São Paulo: EDUSP, 1974.

ROMAN, Daniel D. e PUETT JR, Joseph E., *International business and technological innovation*. New York: North Holland, 1983.

ROPPO, Enzo. *O contrato*. Coimbra: Almedina, 1988.

SABATO, F. di e IUDICE, B. Lo. *Innovazioni tecnologiche e diritto di impresa*. 2. ed. Nápoli: Morano, 1982.

SANTOS, Antonio Marques. *Transferência internacional de tecnologia. Economia e direito: alguns problemas gerais*. Lisboa: Centro de Estudos Fiscais, 1984.

SCAGLIONE, Placido e SANDRI, Stefano. *Licensing: aspetti tecnico-giuridici, scelte di impresa, guida alla negoziazione e redazione degli accordi*. Roma: IPSOA, 1990.

SEGADE, José Antonio Gomez. *El secreto industrial (know-how) - concepto y proteccion*. Madrid: Editorial Tecnos, 1974.

SERPA LOPES, Miguel Maria. *Curso de direito civil*. 4. ed. Rio de Janeiro: Freitas Bastos, 1991, vol. 3.

SEURAT, S. *Réalites du transfert de technologie*. 2. ed. Paris: Masson, 1978.

SILVEIRA, Newton. *Curso de propriedade industrial*. 2. ed. São Paulo: RT, 1987.

SOARES, Guido F. S. *Órgãos das soluções extrajudiciárias de litígios*. São Paulo: RT, 1985.

SLAME, Maria Cristina. *Transferencia de tecnología*, Buenos Aires, Depalma, 1982.

STEWART, Terrence. *The GATT Uruguay round: a negotiation history*. Amsterdã: Kluwer, vol. 2, 1991.

STRENGER, Irineu. *Autonomia da vontade em direito internacional privado*. São Paulo: RT, 1968.

———. *Contratos internacionais do comércio*. 2. ed. São Paulo: RT, 1992.

STUMPF, Herbert. *El contrato de know how*. Bogotá: Temis, 1984.

THEODORO JR, Humberto. *O contrato e seus princípios*. Rio de Janeiro: Aide, 1993.

TIANO, A. *Transfert de technologique industrielle*. Paris: Economica, 1981.

UNCTAD. *Guidelines for the study of the transfer of technology*. New York: UNCTAD, TE/E/AC 11/9, 1972.

UNITED NATIONS INDUSTRIAL DEVELOPMENT ORGANIZATION (UNIDO). *Guidelines for the acquisition of foreign technology in developing countries*. New York: Nações Unidas, ID/98, 1973.

———. *Guide to guarantee and warranty provisions in transfer-of-technology transactions*. Viena, Unido, ID/355, 1989.

UNIDROIT. *Principles for international commercial contracts*. Roma: s.e., Estudo L, doc. 52, 1993.

VARELA, J. M. Antunes. *Direito da obrigações: conceito, estrutura e função da relação obrigacional, fontes das obrigações, modalidades das obrigações*. Rio de Janeiro: Forense, 1977, vol. 1.

XAVIER, Alberto. *Direito tributário internacional do Brasil*. 2. ed. Rio de Janeiro: Forense, 1993.

YANKEY, George Sipa-Adjah. *International Patents and technology transfer to less developed countries*. Aldeshot: Avebury, 1987.

ZWEIG, Ferdinand. *Economia y tecnologia*. México: Editorial America, 1944.

Artigos/capítulos em obras coletivas

ABELL, Mark. "Know-how licensing in the european communities", in *International Business Transactions*. Boston: Kluwer, 1992, capítulo 15, pp. 1-20.

ARNOLD, Tom e HEADLEY, Tim. "Factors in pricing technology license", in *Les nouvelles - journal of the licensing executives society*, vol. XXII, n. 1, março, 1987, pp. 18-22.

BAKER, Christopher L. e BROTHERS, Coudert. "Regulation of technology flows", in *Joint ventures as a chanel for the transfer of technology*, New York. Nações Unidas: UNCTAD/ITP/TEC/9, 1990, pp. 31-37.

BAPTISTA, Luiz Olavo. "Advocacia nas negociações internacionais", in *Revista de Direito Público*, n. 78, abr/jun 1986, pp. 188-195.

———. "Formação do contrato internacional", in *Revista de Direito Público*, n. 80, out/dez 1986, pp. 152-157.

———. "Negociação de contratos internacionais de cooperação", in *Cooperação internacional: estratégia e gestão*. São Paulo: Edusp, 1994, pp. 541-576.

BASSO, Maristella. "A autonomia da vontade nos contratos internacionais do comércio", in *Direito e comércio internacional: tendências e perspectivas*. São Paulo: LTR, 1994, pp. 42-66.

BERTAGNOLI, Leslie et GUTTERMAN, Alan S. "International intelectual property laws", in *Counseling emerging companies in going international*, s.l. American Bar Association, 1994, pp. 177-188.

CARVALHO, Joaquim A. D'Angelo. "Contratos de transferência de tecnologia", in *Tecnologia - Importação e Exportação*. São Paulo: CTE, 1976, pp. 115-142.

CASELLA, Paulo Borba. "Negociação e formação dos contratos internacionais em direito francês e inglês", in *Revista da Faculdade de Direito da Universidade de São Paulo*. vol. 84/85, 1989/1990, pp. 124-171.

CATALDO, Vincenzo Di. "La pratica contrattuale in materia di trasferimenti internazionali di tecnologie", in *Il contratto*, Castesano, CEDAM, vol. 2, 1992, pp. 85-94.

CHAVES, Antônio. "Importação e exportação de know-how no Brasil", in *Tecnologia - Importação e Exportação*. São Paulo: CTE, 1976, pp. 19-42.

COMPARATO, Fábio Konder. "A transferência empresarial de tecnologia para países subdesenvolvidos: um caso típico de inadequação dos meios aos fins", *Revista de Direito Mercantil*, n. 47, 1982, pp. 41-53.

——. "Obrigações de meio, resultado e de garantia", in *Revista dos Tribunais*, n. 386, 1968, pp. 26-37.

CORREA, Carlos M. "Legal nature and contratual conditions in know-how transactions", in *The Georgia Journal of International and Comparative Law*, vol. 11, 1981, pp. 449-494.

COUSTET, Louis. "O contrato comercial; a obrigação contratual a ser garantida", in *As garantias bancárias nos contratos internacionais*. São Paulo: Saraiva, 1985, pp. 92-99.

CRISTIANO, Romano. "Obrigações de meios e obrigações de resultado", in *Revista dos Tribunais*, n. 554, 1981, pp. 28-35.

DANIEL, Denis Allan. "INPI vitorioso nos dois primeiros litígios judiciais relativos a contratos de exploração de patente e transferência de tecnologia", in *Revista de Direito Mercantil*, n. 37, 1980, pp. 173-182.

DHANJEE, Rajan e CHAZOURNES, Laurence Boisson de. "Trade related aspects of intellectual property rights (TRIPS): objectives, approaches and basic principles of the GATT and intellectual property conventions", in *Journal of World Trade*, vol. 24, n. 5, 1990, pp. 5-15.

EL-KALIOUBI, Samiha. "Transfert de technologie, presomption de responsabilité du fournisseur: lexperience egyptienne", in *Transfert de technologie: enjeux economique et structure juridiques*, Paris/Louvain-la-neuve, Economica/Cabay, 1983, pp. 297-301.

FLAIBAM, Evadren A. "Cláusulas de confidencialidade", in *Atualidades Jurídicas*. São Paulo: Câmara de Comércio França-Brasil, n. 32, 1992, pp. 1-7.

FONTAINE, Marcel. "Best efforts, reasonable care, due diligence et règles de l'art dans les contrats internationaux", in *Revue de Droit des Affaires Internationales*, n. 8, 1988, pp. 983-1027.

FRANCESCHINI, José Inácio Gonzaga. "A lei e o foro de eleição em tema de contratos internacionais", in *Contratos internacionais*, 2. ed. São Paulo: RT, 1985, pp. 94-142.

FRANCO, Vera Helena de Mello. "Contratos de transferência de tecnologia: Intervenção estatal e tutela legal", *Revista de Direito Mercantil*, n.33, 1979, pp. 59-67.

GAUDIN, Jacques-Henri. "Aspects atuels et réalités des transferts de techniques de production industrielle", in *Garantie de résultat et transfert de techniques*, Montpellier, Libraires Techniques, 1979, pp. 11-21.

GILBERT, Louis. "Les problèmes techniques et commerciaux posés par la communication de know-how", in *Garantie de résultat et transfert de techniques*. Montpellier: Libraires Techniques, 1979, pp. 67-84.

GOLDSHEIDER, Robert. "Licensing Checklist", in *Practical guidelines for negotiation and drafting international licencing relationships*. East Sussex, Euro Conferences, 1992, pp. 1-36.

GOMEZ-FONTECHA, Juan Jose. "Las licencias de patente bajo las recientes disposiciones reguladoras de la transferencia de tecnologia", in *Seminario sobre adquisición de tecnologia extranjera*. Bilbao: Universidade de Bilbao, 1975, pp. 121-136.

GOTLIEB, A. E.. "The impact of technology on the development of contemporary international law", in *Recueil des Cours de l'Academie de Droit International*, 1981, t. 170.

GRISI, Celso Cláudio de Hildebrand. "Técnicas de negociação para contratos de cooperação técnica internacional", in *Cooperação internacional: estratégia e gestão*, São Paulo, Edusp, 1994, pp. 577-595.

GUTTERMAN, Allan S.. "Foreign regulation of inbound technology transfers and foreign investments", in *Counseling emerging companies in going international*, s.l., American Bar Association, 1994, pp. 229-244.

HERMANN, Roberto Max. "Transferência e absorção de tecnologia", in *Tecnologia - Importação e Exportação*. São Paulo: CTE, 1976, pp. 171-185.

HUCK, Hermes Marcelo. "Contratos internacionais de financiamento: lei aplicável", in *Revista de Direito Mercantil*, vol. 56, 1984, pp. 81-96.

———. "*Lex mercatoria*. Horizonte e fronteira do comércio internacional", in *Revista da Faculdade de Direito da Universidade de São Paulo*, vol. 86/87, 1992, pp. 124-171

JUNQUEIRA DE AZEVEDO, Antonio. "A boa-fé na formação dos contratos", in *Revista do Tribunal de Justiça do Estado do Pará*, vol. 36, 1992, pp. 5-16.

KAHN, Phillippe. "Typologie des contrats de transferts de la technologie", in *Transfert de technologie et developpement*. Paris: Libraires Techniques, 1977, pp. 435-466.

LADAS, Stephen P. "The international protection of know-how", in *Patents, trademarks, and related rights: national and international protection*. Cambridge: Harvard Unversity Press, vol. 3, 1975, pp. 1616-1673.

LASAOSA, Carlos Mingarro. "La empresa española y la adquisición de tecnología extranjera", in *Seminario sobre adquisicion de tecnologia extranjera*. Bilbao: Universidad de Bilbao, 1975, pp. 58-68.

LE GALL, Jean-Pierre. "Fiscalité des transferts internationaux de technologie : nouvelles technologies, nouveaux modes de transfert", in *Revue de Droit des Affaires Internationales*, 1985, n. 5, pp. 617-634.

LESGUILLONS, Henry. "A Convenção de Roma de 19 de junho de 1980 sobre a lei aplicável às obrigações contratuais", in *Direito e comércio internacional: tendências e perspectivas*. São Paulo: LTR, 1994, pp. 165-189.

MAGALHÃES, José Carlos de. "Aplicação extraterritorial de leis nacionais", in *Revista de Direito Público*, vol. 66, 1983, pp. 63-80.

———. "O controle pelo Estado da atividade internacional das empresas privadas", in *Direito e Comércio Internacional: tendências e perspectivas*. São Paulo: LTR, 1994, pp. 190-209.

MARQUES, Cláudia Lima. "Transferencia de tecnología", in *Mercosur - perspectivas desde el derecho privado*. Buenos Aires: Editorial Universidad, 1993, pp. 167-207.

MARTINS, Ives Gandra da Silva. "Transferência de tecnologia", in *Estudos Jurídicos Sobre Investimento Internacional*. São Paulo: RT, 1980, pp. 97-124.

MATEO, Ramon Martín. "El control de las transferencias tecnologícas", in *Seminario sobre adquisición de tecnología extranjera*. Bilbao: Universidad de Bilbao, 1975, pp. 105-120.

MAUDONNETI, Maria Clara Villaboas A.. "Contratos de transferência de tecnologia", in *Revista dos Tribunais*, vol. 711, pp. 38-47.

McDERMOTT, John. "Confidentiality clauses for the trade secret protection", in *AIPPI Journal*, v. 16, n. 5, 1991, pp. 223-237.

MITROPOULOS, Chris. "Technology transfer : the new regulation", in *Competition policy newsletter*, 1996, n.1, vol. 2, pp. 10-13

MOUSSERON, Jean Marc. "Discussions sur les garanties de résultat et communication de know-how indépendamment de l'équipement", in *Garantie de résultat et transfert de techniques*. Montpellier: Libraires Techniques, 1979, pp. 131-132.

OTAMENDI, Jorge. "Transferencia de tecnologia: una cuestión que exige realismo", in *Derechos Intelectuales*. Buenos Aires: Astrea, 1993, vol. 2, pp. 115-126.

PAULIN, Luiz Alfredo Ribeiro da Silva. "Tecnologia e sua importância", in *Cooperação internacional: estratégia e gestão*. São Paulo: Edusp, 1994, pp. 621-644.

POULLET, Yves. "Apresentação e definição das garantias praticadas na Europa", in *As garantias bancárias nos contratos internacionais*. São Paulo: Saraiva, 1985, pp. 25-60.

PRADO, Maurício Curvelo de Almeida. "A implementação do Mercosul e a propriedade industrial", in *Mercosul: a estratégia legal dos negócios*. São Paulo: Maltese, 1994, pp. 109-122.

———. "O Mercosul e a tecnologia", in *Revista dos Tribunais*. São Paulo: RT, vol. 711, 1995, pp. 48-56.

REMICHE, Bernard. "Les mecanismes de transfert de technologie et leurs effets: realité et perspectives", in *Transfert de technologie: enjeux economiques e structures juridiques*, Paris/Louvain-la-neuve, Economica/Cabay, 1983, pp. 393-404.

ROCHA, Altamirando Pereira da. "Da incidência tributária sobre a transferência internacional de tecnologia", in *Revista do Curso de Direito da Universidade Federal de Uberlândia*, vol. 21, 1992, pp. 261-272.

RODAS, João Grandino. "Elementos de conexão do direito internacional privado brasileiro relativamente às obrigações contratuais", in *Contratos Internacionais*, 2 ed. São Paulo: RT, 1995, pp. 9-50.

SALEM, Mahmoud. "Les contrats d'assistance technique", in *Transfert de technologie et developpement*. Paris: Libraires Techniques, 1977, pp. 467-513.

SCHAPIRA, Jean. "Les mecanismes de transfert de technologie: une perspective generale", in *Transfert de technologie: enjeux economiques et structures juridiques*. Paris/Louvain-la-neuve, Economica/Cabay, 1983, pp. 15-20.

SCHMIDT, Joanna. "Garanties de résultalt et contrat de communication de savoir-faire", in *Garantie de résultat et transfert de techniques*. Montpellier: Libraires Techniques, 1979, pp. 105-110.

SILVEIRA, Newton. "Natureza e fundamento do direito do inventor", in *Tecnologia: importação e exportação*. São Paulo: CTE, 1976, pp. 43-62.

——. "Contratos de transferência de tecnologia", in *Revista de Direito Mercantil*, n. 26, 1977, pp. 87-97.

——. "Comentários ao acórdão do STF RE 95.382", in *Revista de Direito Mercantil*, n. 54, 1984, pp. 112-119.

——. "A proteção internacional da propriedade industrial", in *Revista de Direito Mercantil*, n. 73, 1989, pp. 120-122.

SINNOT, John. "The paris convention of 1883 in an historical perspective", in *Managing Intellectual Property*, Euromoney Publ., n. 10, 1991, pp. 29-33.

SOARES, Guido F. S. "Antecedentes internacionais da regulamentação de transferências internacionais de tecnologia", in *Revista de Direito Mercantil*, n. 57, 1985, pp. 19-29.

——. "A cooperação técnica internacional", in *Cooperação internacional: estratégia e gestão*. São Paulo: Edusp, 1994, pp. 165-218.

SOLTYSINSKLI, Stanislaw. "Choice of law and choice of forum in international transfer of technology transactions", in *Recueil des Cours de l'Academie de Droit International*, 1987, t. 196, pp. 239-384.

TEIXEIRA, Egberto Lacerda. "Tecnologia estrangeira no Brasil, regime jurídico-fiscal - A intervenção do instituto nacional da propriedade Industrial", *Revista de Direito Mercantil*, n. 17, 1974, pp. 55-69.

TOLEDO FERRAZ, Lauro Pacheco. "El concepto de la tecnología en si como mercancía: notas críticas", *Revista de Direito Mercantil*, n. 32, 1978, pp. 41-56.

THIEFFRY, Patrick. "Antitrust considerations: the typical case of the european market", in *Counseling emerging companies in going international*, s.l, American Bar Association, 1994, pp. 189-206.

YUSUF, Abdulgawi A. "L'élaboration d'un code international de conduite pour le transfert de technologie: bilan et perspectives", in *Revue Générale de Droit International Public*, n. 4, 1984, pp. 781-824.

ZAHAROFF, Howard G. "International licensing agreements", in *International Business Transactions*. Boston: Kluwer, 1992, cap. 16, pp. 1-38.